文春文庫

日本国憲法 大阪おばちゃん語訳

谷口真由美

日本国憲法　大阪おばちゃん語訳　目次

1章

3章

権力っちゅうのは分散させた方がよろしいわなぁってことで、
国会、内閣、裁判所にそれぞれ力を分けましてん。
自由や権利とかをなるべく侵害してけーへんよう、
お互い暴走せーへんようするためのモンですわ。

国会

内閣

4章

憲法を尊重して守らなアカン義務があるのは
誰か知ってはりますか？
国民とちゃいまっせ、権力者ですねんで！
ここんとこ、よう間違えはるけど間違えんといてや。
そんで、その権力者のなかに天皇さんも含まれますねん。

天皇さんのこと

おまけの章

そもそも憲法って
どうやってできたん？ 201

あ、おばちゃん、肝心なこと言うの忘れとったわ！
じつはいまの憲法ができるきっかけは、
ポツダム宣言にまでさかのぼりますねんで。
「アメリカの押しつけや！」って言わはるお人もいてはりますけど、
ホンマはどないなんでっしゃろな？

おわりに　憲法さんって70年連れ添った夫婦みたいなモン？ 211

文庫版あとがき 216

日本国憲法 大阪おばちゃん語訳

はじめに

よう分からん？　ほな大阪のおばちゃんと読んでみましょ！

大阪弁でしゃべるおばちゃんが憲法について井戸端会議でしゃべったらどないなるか？　というコンセプト（いや、編集さんの意図はちゃうかもしれませんけど）でできたのがこの本ですねん。

そもそも私、この本に出てくるような語り口で、実際に憲法の授業を大学でしてますねん。

正直なところ、大学で法学を教えだした2004年に、憲法がこんなに世間の注目を集めるとは思ってもなかったんですわ。どっちかというと、法学の花形といえば民法とか商法で、憲法って地味〜な感じでしてん。

日本国憲法を教えだしたときも、学生さんのおおかたは教職課程で必要やから履修してるとか、一般教養でたまたま履修したとかいう、消極的な理由の学生さんが多かったんですわ。が、最近は、「憲法が話題になってるので」みたいな理由で履修すん学生さんも増えてきましてん。そりゃま、2004年当時は憲法や何やって新聞紙面をにぎわすこともそないにありませんでしたし、違憲判決っちゅうて、法律が憲法に違反してまっせっていう裁判の結果（判決）が出ることもほとんどなかったですもんなぁ。

けど、その後数年で、日本社会の状況はとんでもなく変化したってことですな。自分で書いてて何ですけど、こんな憲法の本が世の中にでまわるなんて考えられへんかったことですわ。これが売れたら、ある意味エライ世の中になったってことですわ。その辺のおばちゃんが、本屋さんで憲法の本買う時代が来るなんて、ノストラダムスでも予言でけへんかったと思いまっせ。

私が憲法を教えてから、憲法をとりまく世間にどんな変化があったかっていうと、民主党が自民党より国会議員の数が増えて政権交代（このときの民主党を与党、自民党を野党いいますねん）したり、その結果として衆議院と参議院の数のバランス、だいたいはどっちの議会も政権とってるグループ（与党）が半分以上いてるはずやのにこれが崩れた「ねじれ国会」っていう状況になったり、野党になった自民党が政権を取り戻す（「日本を取り戻す」？）動きのなかの一つとして、というよりたぶん時間ができてちょっとヒマになったから憲法改正をメラメラやりだしてみたりとか、ともかく政治の状況でワラワラ憲法が話題になってくるようになりましてんわ。

ほんで、世間のみなさんは「憲法変えた方がええで!」とか「いやいや憲法は変えたらアカン!」いうこの二つのなかで揺れ動きだしたりしましてん。二人の男の間で揺れる乙女の心みたいなもんですな。

せやけどまあ、変えた方がええっていう人らも、変えたらアカンっていう人らも、話題は「9条」なんですわ。確かに9条は大切な条文ではありますし、日本の平和主義の根っこのところの話ですさかいに、それ自体が議論になるんはええことでっせ。

そやけど、憲法は9条だけちゃいますねん。

二人の男の間で揺れる乙女が、一人はバンカラやけど物静かで誰ともケンカせーへんおっちゃん、一人はいまどきのナウなヤングでいつでもケンカ上等なにーちゃん、はい、どちらかと結婚すんねんでーって言われても、そんなんもっと中身わからんかったら一緒に暮らしていかれへんわ! って思いませんか? いまの改憲議論って、何やそんな感じですねん。

確かに私が中学校までで習った憲法なんか、前文を暗記することと三大原理しか教えてもろてませんから、大学はいって憲法の授業うけたときのあの衝撃、今まで習ってきたことは何やってん的な衝撃はいまでも忘れませんわ。

法律って、難しいっていう印象しかないお人《ひと》もけっこういてはります。国が決めるルールですねんけど、何でそんなモン必要やねんって思うこともありますわな。せやけど、例えば何で信号守らなアカンのかって言われたら、好き勝手に車も自転車も人も動いたら危ないからですやんか。余計に渋滞もするかもしれまへんな。そういうのを防ぐために、信号っちゅうのがあるわけですわ。ここで、信号守るっていうことのポイントをあげると、「みんな守っていこう」という気持ちがあること」がありますな。あと、「ルールがどんなんか知っておく」ということがないとあきませんねん。赤信号は止まれやって知らんかった人が、赤信号で飛び出していって事故にあっても、はっきりいうて誰もかばってくれませんねん。

そうやって考えると、憲法っちゅうのは、どこの国にいっても「国の最高法規」、「国の根本法」、「国の基本法」なんて言葉であらわされるように、すべての法（ルール）のいちばん根っこの大切なモンなんですわ。せやさかい、せめて住んでる国とか出身の国の憲法くらいは知っといてやってことですわ。どっちかいうて、知らな損するのが法律の世界ですわ。

さあほんなら、皆さんもちょっとだけ憲法に詳しくなって、井戸端で、居酒屋で、PTAの集まりで、カフェでその知識をひけらかしてください。あ、でもあんまり自慢げに上から目線に教えたるわみたいな感じやったら、感じ悪いから嫌われますさかい、気つけてや。

❶章

「戦争」は棄てましてん

憲法変えたらあかんっていうお人たちも
変えた方がええっていうお人たちも
議論してはるのは９条ですねん。
そもそも日本国憲法の「平和主義」は
前文と９条から引き出されるんですけど、
知ってはりますか？

改憲、護憲の前に、まず知憲

今までに、「学校で憲法ならったことありますか？」と聞いたら、たいがいのお人は「ならいました」って言わはるんです。「ほな、どの条文知ってますか？」って聞いたら「前文と９条」って言わはるお人がめっちゃ多いんですわ。人によったら、日本国憲法っていうのは９条までしかないって思ってることもあって、笑い話みたいやけど、笑い話ちゃいますねん、これが。

まあ、とにもかくにも、９条っていうのは日本国憲法のなかで一番有名な条文ですな、間違いなく。ほんで、いまの憲法守らなアカンっていうお人たち（護憲派）も、いまの憲法は変えた方がええっていうお人たち（改憲派）も、議論しているのは９条やねんなと感じますねん。

護憲とか改憲とかいう前に、「知憲」でっせと声を大にしていうてます。憲法がいったい何条あるねんとか、９条以外にどんなこと書いてるとか知らんと、変えたらあかんとか、変えた方がええとか、それはナンボなんでも憲法さんに失礼ってもんちゃいますか？

日本国憲法の三大原理の一つは「平和主義」ですねんけれど、それは前文と9条から引き出されるんですわ。前文で理念が書いてあって、9条は基本的なありかたが書いてありますねん。二度もの大戦は言語を絶する戦争やったさかいに、もう戦争しません、戦争棄《す》てましてんって書いてありますねん。せやけど、それを日本がどんな風にして達成するのかは、国際情勢と関係してますねんわ。もちろん、平和の維持のために一番大事なのは外交交渉などであることは間違いないですわな。が、日本政府の認識ではそれでは不十分なので、軍事的な手段も併用しての平和主義であるというのがホンネのところですわ。この手段のひとつが自衛隊、ほんで忘れたらあかんのが日米安保条約ですわな。

自衛隊って憲法違反なんやろか？

自衛隊の存在そのものが、9条の解釈をするうえでは対立してること、知ってはりますか？

学者の多くは、自衛権までは否定してないけど、あらゆる「戦力」は否定してまっせというもんですわ。裁判所のなかにも、自衛隊そのものが憲法違反っていう判決もありますねんけど、「統治行為論」っちゅう、あまりにも政治的な問題は法的な判断しませんでー、っていう理屈で自衛隊を判断してませんねん。

政府は？　っていうたら、自衛隊が認められている以上は、自衛に必要な最小限の防衛設備は憲法も認めているはずやっちゅう解釈してますねん。まあでも、国際的には高度に近代化された軍隊やって認められてるんでっせ。

なんや最近は、「軍隊もって一人前、軍隊もてて普通の国になれる！」っていう人が増えてきてるみたいですけど、ホンマにそうなんやろか？　って思いまへんか？　人類の歴史は争いの歴史ともいわれてますな。ずうっと昔から、人間っちゅうのは争いしてきたわけですわ。やれアイツらの信じてる宗教がイヤやの、アイツらの縄張り最近デカなってきて調子乗り過ぎちゃうん、とか言うて。

せやけど、気に入らん奴がおるから殴りに行くとかっていうのは、人間としてものすごい原始的ですわな。最後の手段やっていうけど、その最後の手段を出させへんように他の国にも働きかけなアカンよなって憲法の前文読んだらそんな意味にも取れるわけですわ。これこそ、真の「積極的平和主義」。最後の手段もってるのと持ってないのとで心構えが変わってくるっていうお人たちは、どんな風に心構えが変わるのか、一人前になるとか感情論やなくて話してほしいですな。

ほな、日本が第二次世界大戦のあとにどんな風に世界の平和に働きかけてきたかっていうたら、エライ消極的にしか働きかけてけーへんかった感じもしますな。

まあいうても、アメリカさんに助けてもらいながら平和を保ってたっていうのは否定できまへんし、そのアメリカさんに助けてもらうために日本には沖縄をはじめとして米軍基地をぎょうさん置いてますし、思いやり予算っていうて毎年すごい金額のお金をつぎこんでアメリカさんにいてもらってる現実はありますねん。

そやそや、沖縄のお人たちの犠牲の上に、この日米安保条約っていうのは成り立ってる現実、みなさんどれくらい知ってはりまっしゃろか？　うちの隣に基地きたらイヤやっていうお人は、その基地の大半がある沖縄のお人たちの前でそんなこと言えますか？　みなさんがイヤなモンは、誰でもイヤやって思っておいた方がよろしな。せやから、９条絶対守るべし！　という人たちは、沖縄の現実から目そむけたらあきまへんねん。

戦争って誰トク？

しかし、何で人類っちゅうのは争いごとをやめられへんのですかいな？　何かやめられへん事情でもあるんですかいな？

作家の雨宮処凛《かりん》さんは、戦争を「貧困ビジネス」って呼んでますけど、戦争したら儲かる人ってたぶん昔からいてますねん。美味しいからやめられへん事情でもあるんでしょうな。で、犠牲になるのは弱い人らですねん、昔から。その弱い人らはこれまた騙されはるねんなぁ、口のうまい、時の権力者に。

そういえば、２０１４年の４月には日本がずっと守ってきた「武器輸出三原則」っていうのが見直されて「防衛装備移転三原則」っていうのに変わって、これまで武器の輸出は原則として禁止されていたのが、一定条件さえクリアしたら輸出できるようになりましてん。死の商人ともいわれる武器をつくる産業を公に認めだしたってことですわ。

隣に変なお人がおるから、うちは有刺鉄線はりますねん、とか、拳銃もって何かあったら対応するねん、というのってどんどん妄想もふくらんで広がっていく気しますわ。ガンジーみたいに、とことん非暴力っていうのはなかなか難しいかもしれまへんけど、日本がこの9条をあきらめたら、もう世界中でこんな真の「積極的平和主義」書いてる国なくなるってことですな。

それと、こんな自由な状態もなくなるでしょうし、人権なんてナンボでも後回しになりますやろなぁ。

大事なことは最初に言うから よう聞いてや

日本国民は、正当に選挙された国会における代表者を通じて行動し、われらとわれらの子孫のために、諸国民との協和による成果と、わが国全土にわたつて自由のもたらす恵沢を確保し、政府の行為によつて再び戦争の惨禍が起ることのないやうにすることを決意し、ここに主権が国民に存することを宣言し、この憲法を確定する。そもそも国政は、国民の厳粛な信託によるものであつて、その権威は国民に由来し、その権力は国民の代表者がこれを行使し、その福利は国民がこれを享受する。これは人類普遍の原理であり、この憲法は、かかる原理に基くものである。われらは、これに反する一切の憲法、法令及び詔勅を排除する。

日本国民は、恒久の平和を念願し、人間相互の関係を支配する崇高な理想を深く自覚するのであつて、平和を愛する諸国民の公正と信義に信頼して、われらの安全と生存を保持しようと決意した。われらは、平和を維持し、専制と隷従、圧迫と偏狭を地上から永遠に除去しようと努めてゐる国際社会において、名誉ある地位を占めたいと思ふ。われらは、全世界の国民が、ひとしく恐怖と欠乏から免かれ、平和のうちに生存する権利を有することを確認する。

われらは、いづれの国家も、自国のことのみに専念して他国を無視してはならないのであつて、政治道徳の法則は、普遍的なものであり、この法則に従ふことは、自国の主権を維持し、他国と対等関係に立たうとする各国の責務であると信ずる。

日本国民は、国家の名誉にかけ、全力をあげてこの崇高な理想と目的を達成することを誓ふ。

おばちゃん語訳

日本国憲法の前文っていうのは、なんでこの憲法できましてん？　この憲法のどこがキモですか？　ほんでこんな風な国であってほしいと思ってますねんってことが書いてますねん。ほなちょっと、おばちゃん語で翻訳してみましょかね。

［一段落め］

日本国民の皆さんは、まっとうな選挙で選ばれた国会議員をとおして政治にもちゃんと参加しなはれや。よその国の人らとも仲良うしながら、日本のすみずみまで自由であることがええなぁって思ってますねん。先の大戦では政府が先頭にたって戦争してしもて、そりゃあもうひどいことになってしもたんですけど、もう戦争はしやしまへんってきっぱり決めましてん。そのためには、主権は国民にあるってちゃんと宣言しときますな（大日本帝国憲法では天皇さんに主権ありましてんで）。そもそも国の政治っていうのは、国民が真剣に悩んで選んだ国会議員さんを信じて、託してるわけですわ。せやけど、国会議員さんがエライっちゅうのは国民が選んだからであって、権力があるっていうのも国民の代表者やからであって、それはみんな国民のためってことなんですわ。こんな風に考えるのは、人類みんなの大事な根本原則みたいなもんで、この憲法はそれがええと思ってその根本原則を採用することにしましてん。てなわけで、この憲法に書いてあるようなことに反するような法律なんかは、何があろうとどれも一切認められまへん。

［二段落め］

私らは、ずっと平和がええなって思ってますねんわ。人間っていうのはお互い信頼しあえるって、理想かもしれんけれどホンマにそない思ってますねん。せやさかい、他の国のお人たちも同じように平和が好きちゃうかって信じてますねん。そう信じることで、世界の中で私らの安全と生存を確保しようと決めましてん。私らな、国際社会が頑張ってることありますやん、ほら、平和を守っていくとか、誰かに支配されたり奴隷みたいなひどい扱いすることやめさせるとか、ひとさまを踏みにじるとかを金輪際やめようっていう活動してるなかで、ええかっこしてみたいし、尊敬されたいねん。せやから私らな、全世界の人たちがみんな、怖いおもいすることとか、飢えたりすることからさいならして、平和に生きていく権利があるって本気で思ってますさかいに、そのことも確認させてな。

［三段落め］

ほんで私らな、やっぱりどこの国でも、自分のことばっかり考えてよその国無視したらあかんと思うねん。みんな仲良うせなあかん。このことはどこの国にも通用することで、どこの国もよその国とは対等やねんから、仲良うしながら主権は大事にしていこな。これ、それぞれの国の義務やで！

［四段落め］

私らは、私らの名誉にかけて、このすばらしい理想と目的を達成するために全力を尽くすことを誓いますで！

ここポイントやで！

なんでもそうですけど、はじめに書いてあることって大切なメッセージがこめられてますねん。

子どもがうまれたときに、その子のためにまわりのお人たちが一生懸命に名前を考えるのも、その名前にメッセージがあるからですわな。どんな人になってほしいのかという願いが込められてますでしょ? 法律もそうで、はじめのほうに書いてあることというのは、その法がなんのためにあるのか、どういうことに使うのかということが書いてますねん。

せやさかい、条文だけ取り出してようわからんようになってきたときは、はじめのほうに戻って、なんのためにこの法律あったんかなあって確認したらええんですわ。ほんで憲法ですけどな、憲法の前文に何を書くかっていうきまりはありませんねん。いろんな国の憲法の前文よんでみても、そりゃあまあさまざまなお国柄がでてますねん。ほんで、前文と憲法全体から、この憲法の基本原理っちゅうのが引き出されるんですねんわ。それは、国民主権、基本的人権、平和主義の三つで、憲法の三大原理ともいわれてますすな。

なんでも最初が肝心やから、なんべんでもしっかり読んでみてや!

戦争は棄てましてん

［戦争の放棄、戦力及び交戦権の否認］

1 日本国民は、正義と秩序を基調とする国際平和を誠実に希求し、国権の発動たる戦争と、武力による威嚇又は武力の行使は、国際紛争を解決する手段としては、永久にこれを放棄する。

2 前項の目的を達するため、陸海空軍その他の戦力は、これを保持しない。国の交戦権は、これを認めない。

おばちゃん語訳

1 日本国民は、正義と秩序でなりたってる国際平和を心底大事やと思って追い求めていくで。国とか政府が権限ふりかざして戦争はじめたり、武力つかって威嚇したり武力つこたりするっちゅうのは、世界のもめごとを解決するためには永久に棄てましてん。

2 ほんで、さっきの戦争を永久に棄てましてんっていう目的を達成するためには、軍隊とか戦力は持ちまへんで。ほんで戦争する権利は認めまへんで。

ここポイントやで！① 自衛隊って憲法違反？

第二次世界大戦のあと、敗戦国になった日本に占領軍である連合国軍総司令部（GHQ）がきましたな。マッカーサー元帥っていう名前くらいは聞いたことある人も多いんちゃいますか？

マッカーサーさんがいまの憲法の草案（マッカーサー草案）を出さはったときには、自衛を含むあらゆる戦争が否定されてることが書かれてましてん。せやけど、最終的にはそこはゴニョゴニョってなった表現になったわけですわ。そのときの日本政府とか議会は、このゴニョゴニョをツッコむ勇気はなかったみたいで、あらゆる戦争、あらゆる軍備が禁止されてるって思ってたみたいですわ。

せやけど、朝鮮戦争っていうのがありましたな。このときに、アメリカさんは南朝鮮（いまの韓国）を応援するために、9条つくっといてなんやけど日本にも朝鮮戦争手伝ってやーっていう指令出してきましてん。何やったら憲法改正してええからって言われましてんけど、そのときは憲法は変えへんって日本政府は決めましてん。ほんで、何とかアタマふりしぼって頑張って考えて1950年に「警察予備隊」っちゅう名称で自衛隊の前身ができましてん。

この警察予備隊をつくった時に、政府は9条の解釈かえてますねん。まず、9条は国を自衛する権利（自衛権）自体は棄ててまへんと。それで、警察予備隊は「戦力」ちゃいまっせっていう解釈しましてん。この「戦力」っていうのは、日本政府は「近代戦争遂行能力」って言うてますねんけど、まあこの解釈もしんどいモンありますわな。だって、「戦力」ってあらゆる軍備って言えるんちゃいますか？　戦う力ですねんもん。

ほんでこの説明、「自衛隊」ができてからは実態とあわへんようになってきましてん。何でかって、自衛隊は国際的には強力な軍隊と評価されるようになりましてん。しんどなった政府はどないしたかっていうと、「9条2項は、1項の禁止する国際紛争の解決に用いられるような軍備を否定したものにすぎない」って言いましてん。

つまりこれ、自衛のための軍備まで排除してるわけちゃうって言うんですけど、自衛のための軍備を持つかどうか、どの程度持ったらええのかっていうのは、国際社会の動きをみて国会が決めるべきやって言うたんですわ。

せやけど、これって9条がそもそも何でできたんかってこととか、国際社会の理想を軽くみすぎとちゃうん？　って言われてますねん。これ、憲法の学者たちのなかでは少数説ですねん。

ほな、多数説はどないなってんのかって言いますと、憲法の学者の多くは、自衛隊は憲法違反って言うてますねん。驚きました？　その理屈ですけどな、自衛権は政府と同じく否定はしてませんねん。自衛のための戦争も一応認めてます。せやけど、ここからが政府とちゃいますねん。

まず、侵略戦争かて自衛のためやっていうて始まるがな、っていうこと、ほんで軍備についても、自衛のための戦争用と侵略戦争用とか分けられんの？　っていうことですわ。まあ言うてみたら、あらゆる戦争がとどのつまり「国際紛争を解決する手段」やねんから、戦力（軍備）を持ってるのってすべておかしいやんっていうことですわ。で、この理屈の弱点は、日本が軍事的な侵略を受けた場合にどないすんの？ってことなんですわ。

そないなったら降伏するしかないの？　警察力で抵抗すんの？　私ら民衆がそれぞれ立ち上がるん？　国連に何とかしてもらうん？　とかありますけど、理想論っていわれてます。まあけれど、法学者は法を解釈するのが仕事ですから、9条をそのまま読んだら自衛隊そのものが難しいってことですわ。

この二つの理屈、どっちがええのかっていうのは、みなさんがそれぞれ考えることですねん。自分で考えることは、棄てたらあきまへんで。

ここポイントやで！②　日米安保のメリットって？

日本の周りの広域の防衛っちゅうのは、本来は自分のことやさかい日本が自分でやらなアカンことでしょうけど、日本にいてくれてはるアメリカ軍が大きな役割をしてくれてはりますねん。これは、日米安全保障条約に基づいてやってくれてはりますねん。もともとは、さっきも書きましたけど朝鮮戦争なんかがあって、アメリカさんの日本に向けての政策が変わったことも大きな要因ですわ。

そんななかで、よう日米安保は片務やと言われるんです。アメリカさんにはいつも守ってもろてるのに、日本はアメリカさんのために何もせーへんと。うーん、土地とか建物とかお金とかいろんなものを出してるんですけどねぇ。それは評価せーへんのやろか？　あと、アメリカさんかてホンマに何のメリットもなかったら日本にいてへんのちゃいますか？

実際のところ、ソ連との冷戦時代は日本は「不沈空母」って言われたり、「極東政策の要」って言われたりしてましたやん。アメリカさんにとっても、何か美味しいことはあるはずやねんから、そんな「片務」て卑屈になることもないんちゃうんかとなぁ。

あ、ちなみに日本にいてはるアメリカ軍は、日本が直接指揮したり、監督したりできへんので、9条の禁止する戦力にはあたらへんという有名な砂川判決っちゅうのがありますねん。あと、沖縄に基地集中してて、アメリカ軍人によるレイプ事件がたくさん起こってたりすることも知っておかなアカンことですわ。あと、何で沖縄がそないにたくさん基地引き受けなアカンのか、基地の問題は「沖縄の問題」って考えたらおかしいですな。これは「日本の問題」ですもんな。

ここポイントやで！③ 集団的自衛権は、ヤンキーのケンカ？

２０１４年の７月、政府はこれまでの憲法の解釈を変えて、「集団的自衛権は認められる」という方針を発表したんですわ。

まず、自衛権っちゅうのは、国連憲章（国連の憲法みたいなモンで、国連に入りたい国はみんなこれを守りますってお約束してますねん）の51条で個別的自衛権と集団的自衛権があるっていうてますねんわ。

日本はこれまで、この「個別的自衛権」はあるっていう解釈をしてきましてん。せやから、自衛権＝個別的自衛権っていう風に考えてきたわけです。これって、殴られたら殴り返す、殴られそうな危険を感じたときに殴りに行くっていうようなモンですわ。

これに対して、「集団的自衛権」っちゅうのは、ヤンキーのケンカみたいなモンで、仲良しのツレがやられて、ツレに「助けてーや」と言われたら、ホンマはツレのほうが間違ってたかもしれんケンカとか、ツレのほうが明らかにいじめてる側やのにとか関係なく、「俺、アイツのツレやから」という理由でケンカに行くようなモンですわ。ツレがめっちゃ悪い奴やったらどないすんねん、というのはすっ飛ばすんですな。

　このツレかどうかっていうのが「密接な関係にある他国」という表現になってるんですけど、言うてみたら軍事同盟国ですから日本の場合はいまのところアメリカさんのことを想定してるんでしょな。まあ、自衛っちゅうより他衛ですな。

　あと、これの話題の時に必ず、「日本の周りが危ない」って政府はいうんですけど、もともと集団的自衛権と周辺事態は関係ないんでっせ。だって、ヤンキーのケンカは世界中どこでも起こりますからな。日本の周りの話だけやったら、個別的自衛権の話ですもんな。

戦争棄てるって明確に書いてまっせ

2 章

「人権」ってええもんみたいやで

しあわせってなんやろか？
ガッコいくこと、働くこと、夫婦のことも
人権に関係ありますねん。
おばちゃんが好き勝手言えるのも
人権のおかげやねんで。もちろん「ひとさまに
ご迷惑かけない限り」が大前提やけど。

人権って誰のモン？

「人権」ってきいたら、しかめッ面する人がいてはるんですけれど、何ででしょうな？「人権」ってそないに嫌なもんかどうか、一緒に考えてみましょか。

「人権」がそないに嫌がられる理由を近所のおばちゃんとかおっちゃんにきいてみると、どうも「一部の人たちがオイシイ思いをしてるのが許せない」、「何でも人権言うたら許されると思てる」という話を聞くことが多いんですけど、人権っちゅうのはそんな誰かが得して、誰かが損するという話なんでしょか？

まず、人権は誰のもの？と言われると、みんなにあります！とまずお答えしましょうね。私にいっぱいあるけど、あんたには無いねんで、なんてことはありませんわ。そんなん嫌ですやん。

誰にでも認められている人権を、「普遍的人権」というんです。外国人でも未成年者でも誰でも、例えば誰かに殺されない権利（生命に対する権利）は認められるというのはわかってもらえますやろか？

せやけど、「国民」にしか認められていない権利があるというのもありますねん。日本国憲法は、第3章の表題が「国民の権利及び義務」となってますねん。ほな、外国人はどないなんでっしゃろか？　原則は、日本国民と同じように人権は保障されているんですけど、例外的に国民のみに保障されているものがあるんですわ。

そういえば皆さんは、そもそも「日本国民」って法律ではどうやって決められてるか知ってはりますか？　「国籍法［★1］」という法律で、どんな風にしたら日本国籍が取れるのかを定めてるんですわ。皆さんがもし日本国民だとして、どうやって日本国民になったのか一度調べてみたらええんちゃいますか？　外国人の人権については、後の方（P63）で書いてますからそこ読んでみてくださいな。

セコいこと言わんといて

あと、何でもかんでも「人権」っていう風には実はなりまへんのや。憲法上、人権にも限界があるんですけれど、その理屈は「公共の福祉」っていう言葉であらわされてますねん。私と誰かの権利がぶつかることってあったとして、それをどこまで認めたり、おさえたりするのかっていう調整するための理屈ですわ。だから別に、普通につかうような「福祉」とは関係おまへん。まあいうてみたら、「ひとさまにご迷惑をおかけしない限り」ってとこですな。憲法にも12条とか13条に出てきますわ。

そうそう、「これは差別やない、区別や」とドヤ顔で言う人によう出くわします。そんなんドヤ顔で言われたら、口ひねったろかと思いますわ。だいたい、そんなこと言う人って何らかの感情持って「区別」してるんですわ。区別っちゅうたら、例えばクラスの半分を単純に数で分けることって想像してみてください。もしそこに、何らかの意図があって分けた場合、例えばかわいい子は右側、ブサイクな子は左側に分けるというのは区別ですか？これ、差別につながりますな。だって、分けることに意味を持たせてるわけですもん。単純ちゃいますやん。そもそも、かわいいかブサイクかは、その人の主観が入ってますし。せやから、「区別」って言葉つかう人も要注意でっせ。

まあ、ともかく「人権」っちゅうのは、しんどいって言うてる人に耳を傾けるということ、しんどいときにしんどいって言えることやと思いますねん。しんどい思いしてきた人たちが、しんどい状況から脱出するために一時的に下駄はかせてもらうことが「特権」とか言うのって、これまたえらいセコイ話ですわな。

あと、「嫌や」って言うてる人の話ちゃんと聞きましょってことですな。足ふきマットとパンツ一緒に洗うの平気な人と、嫌な人がいてたとして、どっちにあわせるのがええと思いますか？　平気な人はどっちでもええわけですから、嫌な人の話きいて、そっちにあわせたったらよろしいやん。それは損か得かの話でっか？　セコイこと言わんと、しんどい人のことしっかり考えてみましょ。

★1　国籍法の国籍取得の条件（2〜4条）も調べてみてな。

日本国民って誰のこと？

〔国民の要件〕
日本国民たる要件は、法律でこれを定める。

おばちゃん語訳

誰が日本国籍もってるかっちゅう話は、法律で定めときますわ。

ここポイントやで！

単一民族ちゃいまんねん

「私ら日本人」っていう言い方する人、結構いてはりますねんけど、日本人って誰のことでっか？　民族として一つっていう意味で使ってたら、かなりマズイですな。

まさかまだ、日本が単一民族やって信じてる人いてはりますのんか？　日本の裁判所でも、北海道のアイヌ民族は独自の民族やって認められてるし、ほかにも独自の文化とか言語を持った民族が存在してたっていう研究がありますねんで。沖縄かて琉球民族ですし、簡単に民族って言葉つかうのも難しい問題がいっぱいありますねん。言語にしたって、私は大阪弁の話者ですからこの本も大阪弁で書いてますけど、よその地域にもそれぞれの言語圏があって、お互い通じへんことありますやろ？　それってもう民族が違うっていう第一歩なわけですわ。まあそない考えたら、改めて「日本人」って誰やねんってことになりますな。

国籍法っていう法律では、「日本国籍をもつ人」＝「日本国民」ってしてますねん。せやから、憲法に書いてある人権を日本国民が持つことはもちろんですな。

せやけど、現実には日本の主権が及んでいる日本国のなかには、日本国籍を持たへん人もぎょうさんいてはります。外国人とか無国籍人っていうお人らですわ。14条のところで書いてますからそこ読んでもらえまっか。

日本人っていう言い方もビミョーやな

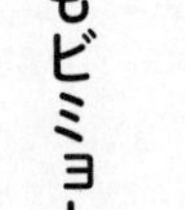

人としてもってる権利

［基本的人権の享有］

国民は、すべての基本的人権の享有を妨げられない。この憲法が国民に保障する基本的人権は、侵すことのできない永久の権利として、現在及び将来の国民に与へられる。

おばちゃん語訳

国民は、すべての基本的人権をもってますねん。基本的人権っちゅうのは、人が生まれながらにしてもってる権利（自然権）のことですねんわ。憲法は国民に基本的人権保障してましして、いまの私らにも、将来の世代の子らにも永久の権利として与えられまんねんで。

ここポイントやで！

制限あるけど子どもも持ってるモン

外国人の人権は14条のところ見てもらうとして、ちょっとここで子どもの人権について考えてみましょか。子ども（未成年者）も、人権はありますやろ？

せやけど、日本では20歳になるまで、子どもは大人と違う特性があるというて、成人とは違った扱いをすることを法も認めてますねん。例えば、親の同意のない結婚はでけへん、お酒もタバコもアカン、18歳になるまでは選挙権は無い、車の免許も取られへんというようなモンですわ。

何で子どもはこんな制限があるんでっしゃろ？お子さんに聞かれたときに「子どもは子どもやからや」という答えになってない答えを言うたりしてまへんか？これは、子どもっちゅうのは心身ともに未成熟ってことで、十分な判断能力が備わってないねんから、何でも自由に認めると判断間違えて、心も身体も傷つくことになったら気の毒やさかい、お節介しとくわってことなんですわ。

せやけど、制限はしても人権がないってこととはちゃいますねんで。せやから、保護しすぎ、要は過保護になりすぎるのもらゃう話ですし、それで子どもの自由を奪いすぎると判断能力っちゅうか生きる力なくなりますやろ？　せやから、制限は必要最小限やないとアカンのですわ。

ほんで、子どもを保護するのは親っていうのが一番最初にきますねんけど、親だけでは子どもを保護でけへん場合に、はじめて国家がその保護のところに入っていくことができますねん。

永久の権利《モン》やねんで

人権ってどこまで認めてくれんの？

［自由・権利の保持の責任とその濫用の禁止］
この憲法が国民に保障する自由及び権利は、国民の不断の努力によつて、これを保持しなければならない。又、国民は、これを濫用してはならないのであつて、常に公共の福祉のためにこれを利用する責任を負ふ。

おばちゃん語訳

この憲法が国民に保障してる自由とか権利は、みんなで普段から絶え間なく努力することで持ち続けていかなアカンねんで。ほんで、私らもこれを自分のためだけにつこたらアカンねん。ひとさまにご迷惑おかけせーへんようにつかわなアカンねんで。自分だけが大事とか言うてたらアカンねんで。

ここポイントやで！

不断と普段の努力

人権っちゅうのは、無制限に認められてるわけちゃいますねん。そやのに、巷では「人権人権いうたらなんでも認められる」って言うお人がいてはりますねんけど、それはウソですわ。

ほら、憲法にも書いてますやろ、「濫用」したらあきまへん、「公共の福祉」のために使わなあかんでって。

人間っちゅうのは、社会で暮らす生き物ですさかい、その権利にも限界はありますねん。要は、他の人の権利は無しにして、自分の権利だけがぎょうさん認められるなんてことはあり得へんってことですわ。ひとさまにご迷惑おかけせーへん限り、人権認められまっせってことですわ。

あと、人権を守ってもらうことっていうのは、こうやって憲法にこれが書かれるようになったのは「人類の多年にわたる自由獲得の努力の成果」やから「侵すことのできない永久の権利」として認められてるってことですわ。せやけど、それを守っていくためには「不断の努力」と普段の努力が必要ですねん。

そうせーへんかったら、あっさり人権なんか奪われていくってことを私ら一人一人が自覚せなあきませんな。

ひとさまにご迷惑おかけせーへん限りやで

しあわせってなんやろか？

〔個人の尊重・幸福追求権・公共の福祉〕
すべて国民は、個人として尊重される。生命、自由及び幸福追求に対する国民の権利については、公共の福祉に反しない限り、立法その他の国政の上で、最大の尊重を必要とする。

おばちゃん語訳

どなたはんも、個人として生きていかはることを大切にしまっせ。いのちに自由、ほんで幸せを追い求めていく権利は、他人《ひと》さんにご迷惑をおかけせーへん限り、法律つくるときにも、政治をする上でも、もっとも大切にしていきまっせ。

ここポイントやで！① プライバシーの権利って？

「幸せって何だっけ？」っていうCMありましたけど、13条っていうのは「幸福追求権」っていいますねん。憲法に「幸福」が書いてあるなんて、ちょっとびっくりしやしませんやろか？

13条には、人はみんなひとりの人間として大切にされるし、いのち、自由、そして幸せを追求する権利っちゅうのは、ひとさまにご迷惑をおかけしない限り、法律つくるときも、国の政治をする上でも、最大限みとめましょということが書いてますねん。

14条からは、具体的な問題について対応する権利が書いてあるんですけど、新しい人権が出現してきたらほとんど13条に入りますねん。

いまの憲法が古臭いという人たちのなかに、「加憲派」ちゅうグループがありますねん。その人たちがさかんに言うてはるのが、現代の人権にいまの憲法ではこたえられないというやつですわ。確かに一理ありまんなぁという感じはありますねんわ。

いずれにしましても、「公共の福祉」に反しない限りは、「幸福追求」したらよろしいよというのが13条ですねんわ。とはいえ、新しい人権が出てくるたびに何でも13条で読み込みますねんっていうのは、ちょっとブラックボックスみたいですな。

たとえば、おかあはんに部屋の掃除してもろたら、日記帳読まれたり、ベッドの下からエロ本出てきたり。おかあはんにしたら掃除は子どもの様子を知る大切な機会やと思う一方で、子どもにしたら「プライバシーの侵害や！」となりますな。

最近ではすっかり定着したこの「プライバシー」の権利って、憲法のどこを読んでも載ってませんねん。個人情報保護なんていう言葉も、定着してきた感じありますな。学校のクラスのお友だちの電話番号も教えてもらえない時代になりましたけど、それはそれで行き過ぎ感はあるんですわ。といっても、名簿が売ったり買ったりされるわけなので、誰か売る人がいてたら全部アカンようになってしまうっちゅう事例の一つですわな。

プライバシーの権利は、もともと「ほうっておいてもらう権利」といわれてたんですわ。構ってもらうより、ほうっておいてもらう方が、人間の深みが増していくからということですな。いまの情報社会では、プライバシーっちゅうのは積極的に自分の人格に関係するような大切な情報を自分でコントロールするという「自己情報コントロール権」と考えられてきてますねん。内申書を開示してほしいというのも、プライバシーの権利から読み込みますねん。

ここポイントやで！❷　自己決定権と自己責任問題

「自己決定権」というのも13条ですねん。そもそも、自己決定ってホンマにできるもんなんですかいな？　選んだつもりが、選ぶ時点で自分以外の誰かが決めてしもてることありますやんか？　自分で行きたい高校選んだつもりが、そもそも親の意図が入ってた、なんてことありますやん。なかなか、人生思い通りに自己決定なんかできませんわな。

まあそれはさておき、自己決定権っちゅうのは、代表的なものとして①危険行為（シートベルトやヘルメットを着けずに運転すること、危険な登山に挑むこと）、②生と死の問題（産む自由・産まない権利、安楽死、尊厳死）、③ライフスタイル（髪型・服装の自由、同性愛の自由）、などに分類されてますねん。

産むという問題でいうと、近頃は生殖補助医療というのが進んで、代理母の話もようニュースで取り上げられるようになってきましたな。精子とか卵子を凍結するのも進んでますな。

他にも、自己決定したからには何があっても自己責任っていう風潮もありますやんか？　とくに日本は社会というより「世間」っちゅうのが強いですから、これまた大変な騒ぎになることとありますな。

雪山で遭難して助かった人が、「世間をお騒がせして」という会見してるのんなんか見てたら、まさに自己責任やから当然やといわんばかりにみんなで叩いてはりますわな。脳死の問題も難しい問題で、自分は臓器移植なんでもするで！　と思って意思表示カード書いてても、のこされた家族が反対することようありますねんて。確かに脳死判定になって何十年もたってから喋ることができるようになった人が、実はみんなの話が全部きこえてわかってたっちゅう話もでてきてますさかい、これホンマに難しいですな。

しあわせは、自分が決めることでんな

差別したらあきまへんねんで!

〔法の下の平等、貴族の禁止、栄典〕

1　すべて国民は、法の下に平等であつて、人種、信条、性別、社会的身分又は門地により、政治的、経済的又は社会的関係において、差別されない。

2　華族その他の貴族の制度は、これを認めない。

3　栄誉、勲章その他の栄典の授与は、いかなる特権も伴はない。栄典の授与は、現にこれを有し、又は将来これを受ける者の一代に限り、その効力を有する。

おばちゃん語訳

1 どなたはんも、みなさん平等ですねんで。せやさかい、人種とか、信じてるモンとか、性別とか、身分とか、どこの出身とかで、政治的にも経済的にも社会的にも差別されることはおまへん。

2 身分制廃止してまんねんから、華族とか貴族とか認めまへんで。

3 エライことしはった人は、エライって褒めますけど、褒めるだけで特権とかありまへんねん。ほんで、エライのはその人だけで、一族郎党とか子子孫孫までがエライわけとちゃいまっせ。

ここポイントやで！① 選ばれへんのが世の常、人の常

普段、「法の下の平等」なんて言葉を使いますやろか？　滅多なことでは話にでてくることありまへんな。

14条は、どなたさまもあちらさまもこちらさまも、みなさま日本国憲法という日本で最高のルールのもとでは「平等」ですねんで、ということが書いてありますねん。世の中には、自分で頑張ることができるエライ人とか、自分をせっせと磨ける人とか、何やようわかりませんけど運が良い人とかいてますやろ？　自分で何とかできることとか、何とかなることとって考えてみたら幸せな状態ですわな。

せやけど、どんなに自分が頑張っても、自分を磨き倒しても、ちょっとくらい運が良くても、自分では何ともならないことがありまへんか？　この、自分で何ともならないこと、どないもならんことを理由にして差別したらあきまへんで、というのが憲法14条の1つ目に書いてあることです。

何でかと言いますとね、人は誰も、生まれてくる場所も、親も、環境も時代も選ばれへんからですよ。誰でもちょっとくらいは、もうちょっとお金持ちの家にとか、美男美女のカップルからとか生まれてきてたら良かったなとか、人生変わったやろうなと考えたことあるんちゃいますか？　選ばれへんのが世の常、人の常。せやから、生まれで差別したらあきまへんねん。

また、憲法は第二次世界大戦のあとに身分制度を廃止しましてん。「天は人の上に人を造らず」というのは、かの福沢諭吉さんが言いはったことですけれど、戦前にあった華族とか貴族というのは廃止されましてん。まあせやけど、いろんなことから天皇制は残りましたから、皇族というのだけは残っています。それが2つ目です。

3つ目は、もしアンタさんすごい人やな！と国から表彰されたり、勲章もらうことがあっても、そのことで特権は認めませんよ、って書いてますねん。エライのは、実際にエライことをして勲章とかもらった人だけであって、エライ人の家族だというだけではエライわけではないねんで、って書いてますねん。

ここポイントやで！②　男女平等ってあるねんけど、ホンマそうでっか？

「性別」で差別されない、って書いてますねんけど、実際のところはどないですやろ？　24条とも関係してくる話なんですけど、もう日本では男女の平等は達成されたから問題ないでー、という人もいてはるかもしれませんな。ホンマにそうでっか？

日本国憲法になる前の話をちょっとしますわな。大日本帝国憲法の下でできた民法では、女性は子どもと同じ扱いをされてましてんで。それは、女性ひとりでは銀行で口座つくったり、おうち買うための契約したりできへんかったんですわ。もし、妻がそんなことしてたら、夫はいつでも取り消すことができたんですで。怖い話ですなぁ。その民法、実は改正されてへんかったりするんですわ。例えば、結婚できる最低年齢、男性は18歳、女性は16歳ですねん。なんでこの年齢に差をつけるんですかいな？　それに好きで結婚したけれどお別れする日がきた場合、男性はその日から別の人と再婚できますねんけど、女性は100日間「再婚禁止期間」っていうのがありますねん。

昔は離婚するときに妊娠してたらアカンから（そもそも離婚するときに子どもできてるってどういう状態やねんな、というツッコミはここではおいといて）、その子どもが誰の子かわかるように女の人だけ禁止していたっていうんですけど、いまの時代にそんなもんなくてもDNA調べたらわかることですわな。女の人だけって意味わからんと思いまへんか？

刑法も変わってへんところがいっぱいありまして、かつては強姦罪は被害者は「女子」のみになってましたけん。ようやく2017年6月に一部改正で女子の規定がなくなり罪名も強制性交等罪に変更されましてん。そりゃ男性だって被害者になることありますやんな。あとは、「性別」で差別されないっていうのは、当然にLGBT

（性的マイノリティの総称）の人たちにもあてはまりますねんで。

ここポイントやで！③ ようわからんねんけど、一票の格差ってナニ？

選挙で投票する一票は、日本国籍を有していたら、老若男女、お金持ち貧乏人問わず、誰でも一票だと教えられまへんでしたか？　ほな、その一票の価値はどこでも同じやと思ってまへんか？　それが違うのが「一票の格差」っちゅう話ですわ。有権者が多い場所で選ぶ人と、少ない場所で選ぶ人とでは、一票の価値が違うんですわ。

なんでそんなことになってるかというと、昔は大選挙区制だったこともありますねん。これは各選挙区への議員の定数の半分は人口から割っていたので不公平がないように設計されてたわけです。ところが、その後、急速に農村部から都市部へと人が移動して都市部の人口が増えたわけですわ。ここでホンマは定数の見直しをせなあかんかったわけですが、それをしなかったんですわ。結果として、農村部では少ない人数から1人選ばれるようになり、都市部では多い人数から1人選ばれるようになったというわけですわ。その差、衆議院で最大で1対4・99となることもでてきたわけです。

ホンマは、1対1にせなあきませんよね。そやけど、裁判所はいっぺんにはそれは無理やろというて、結局1対2までなら良いというてます。何かけったいな気がしまへんか？

ここポイントやで！④　外国人にもありまんねん

外国人にも人権ってあると思いますか？　外国人であれ、日本人であれ、人である以上「人権」はあるんですわ。

第二次世界大戦後に、世界中が二度とあんな悲惨な戦争しないでおこうね、と約束して作ったのが国連（国際連合）ですねん。人権っていうのはひとつの国のなかの問題であって、よその国のすることに干渉したらあかんなんて言うてたら、ナチスによって障害のある人とかユダヤ人が大量に殺されましたな。せやさかい、そんなことをうさせたらアカン！　ということになって、人権のことはよその国のことであっても口出ししていこな、ということに国連ではなりましてん。日本国憲法もそれに歩幅をあわせているので、日本国籍をもってる日本国民だけしかない権利もありますねんけど、それ以外は外国人でも権利を認めまっせ、ということになってるんですわ。日本国民だけしかもってない権利っていうと、参政権、社会権（※P86〜98で解説）、日本国に入る自由とされていますねんけど、日本にずっと住んでる外国人（定住外国人）はとくに社会権は必要だし、また国政選挙ではなく地方選挙なら認めてもええんちゃう？という風に言われることもありますねん。判例（裁判所が裁判において示した法律判断）も、国会がちゃんと動いて立法化（※P134で解説）すべきという問題とちゃうの？と言うたりしてます。ホンマに難しい問題ですけど、納税の義務（※P102で解説）は果たしてても一部の権利がない定住外国人の問題は、しっかり考えなあきまへんな。

区別も差別になるねんで！

心のなかはいつも自由！

［思想及び良心の自由］
思想及び良心の自由は、これを侵してはならない。

おばちゃん語訳

どんな考えもってても、どんなモン信じてても、それをとやかく言われる筋合いはありまへん。

ここポイントやで！

良心ってなんやろか？

私らが心の中で何を考えてるとしても、喋ったり、書いたりせーへん限りは誰にもわかることちゃいますやんか。思想はなんとなくわかるとしても、「良心」ってなんやろか？　って思いません？　良心に従ってって言うことありますけど、それは善良な心みたいな感じしますやん？

憲法のいうところの「良心」っていうのは、もっと広くて人の「内心の自由」全部っていう見方もあるんですわ。そもそも、思想と良心の区別も難しいもんですからな。せやけど、大日本帝国憲法のもとでは、特定の思想が強制されたり、禁止されることがあったので、わざわざ書いたんですわ。具体的には、沈黙の自由なんかも含まれますねん。

ここで問題になるのは、学校教育の場での日の丸・君が代（国旗・国歌）がなかば強制されるようなことになってんのは、内心の自由が守られてへんっていうて批判されてることですな。日本の国旗が日の丸で、国歌が君が代って法律で決められたのは実はそんな昔のことやなくて、１９９９年に「国旗及び国歌に関する法律」ができたからですねん。そやけどこの法律は、日本で一番短い法律っていうても間違いやないくらいのモンで、２条しかないんですわ。ほんでどこにも、歌わなあかんとか、掲げなあかんって書いてないんですわ。

よう聞く話で、公務員やねんから君が代歌って当然や、みたいなことあるんですけど、どない当然なんでしょ？　公務員である前に、人でっしゃろ？　君が代なんか歌ったらアカンー！　っていうて式典妨害したらあきまへんけど、一人の人が歌わへんっていう沈黙の自由まで奪ってええとは、憲法からは読み取られへんのんとちゃいますやろか？　何で歌われへんのかっていうことをちゃんと考えるほうが大事ちゃいますやろか？　自分が気にならへんからっていうて、誰もが気にならへんっていう理屈は、人権では成り立ちませんわな。

心のなかにはどなたさまも入ってこんといて！

どんな神さん信じてもよろしいで

〔信教の自由〕

1 信教の自由は、何人に対してもこれを保障する。いかなる宗教団体も、国から特権を受け、又は政治上の権力を行使してはならない。

2 何人も、宗教上の行為、祝典、儀式又は行事に参加することを強制されない。

3 国及びその機関は、宗教教育その他いかなる宗教的活動もしてはならない。

おばちゃん語訳

1 どんな宗教を信じても、どんな神さん信じてもよろしいで。せやけど、宗教団体は国から特権受けたり、政治で権力ふるったらあきまへんで。

2 どなたはんも、宗教上の行為とか、祝典、儀式、それに行事への参加は強制されまへん。

3 国は、宗教教育したらあきまへんし、宗教的な活動もしたらあきまへん。

ここポイントやで！ 戦前は天皇さんが神さんでしたさかい

日本には、八百万《やおよろず》の神さんがいてはって、仏さんもぎょうさんいてはりますな。子どもが生まれたときのお宮参りとか、お正月に神社に行って神さんにお願いごとするお人、けっこういてはりますやろ？　結婚するいうたら、キリストさんの前で誓ったりしますな。ほんで誰か亡くなりはったら今度はお寺さんに行って、仏さんになったりしますな。

これだけでも大きく、神道、キリスト教、仏教が日本に住む人の人生に関わってきてることがわかりますな。もともと、いろんな神さんがいてることに寛容な国なんですわ。そやけど、考えてみたら新興宗教に関していうと、カルトやセクトやいうて冷たい人多いですなぁ。どんな宗教も、はじまりは新興宗教やったと思うんですけどなぁ。

まあせやけど、「政教分離」っていうて、国の政治とかと宗教を切り放さなあかんってなったのは、そらやっぱり歴史的な理由があるからですねん。海外での例をみてもわかると思うんですけど、自分とこの神さんだけが正しいって言い出したらキリないですやん。ほんで、自分の信じる神さん以外を信じたら殺されるとかいうのもあり得へんなってなったんですわ。日本でも戦前は、天皇さんが神さんでしたさかい、いろいろ大変なことになったんでしたな。政治に宗教が力もったらろくなことないわってことで、「政教分離」っていうのが確立しましてん。

神さんと政（まつりごと）は一緒くたにしたらあきまへんねん

井戸端会議は自由にさせてや

〔集会・結社・表現の自由、通信の秘密〕

1　集会、結社及び言論、出版その他一切の表現の自由は、これを保障する。

2　検閲は、これをしてはならない。通信の秘密は、これを侵してはならない。

おばちゃん語訳

1　いろんな人と集まったり、グループ作ったり、しゃべったり、本だしたり、すべての表現の自由は保障しまっせ。

2　事前に国家とか権力が人の書いたモンをチェックしたらあきまへん。ひとさまとのやりとりも秘密やねんで。

ここポイントやで！　ヘイトスピーチはアカン！

「表現の自由」という言葉は、わりにみなさんに馴染みのある言葉と違いますやろか？　実はこの「表現の自由」っちゅうのは、憲法が保障してる人権のなかでも、重要度が高い人権なんですわ。ええっ、人権に重いとか軽いとかあるんかいな？　って思わはるかもしれませんねんけど、実はあるんですわ。20条の信教の自由とかこの表現の自由は「精神的自由権」っていいまして、22条とか29条の「経済的自由権」よりも重いんですな。

なんで表現の自由が人権の中でも重いのかっちゅうと、理由は三つあるんです。まず、大阪に限らずおばちゃんにはとくに多いかと思うんですけど、誰かと喋りたいもんですやんか。つまり、コミュニケーションとりたいっていう気持ちは抑えられへんので、そんなモン規制すること自体が間違ってるわって話です。

ふたつめは、世間にはいろんな意見をお持ちのお人がたくさんいてはりますやろ？　一方的な意見しか発表できへんようになったら怖いですわな。世の中のエライ人だけが何でもかんでも決めてもろたら困りますやろ？　おばちゃんの意見も政治に反映してもらわな困りますやろ？　自分とはどんなに違う意見を持ってはるお人であっても、そりゃもうめっちゃ嫌いなお人であったとしても、そのお人にちゃんと発表する機会がなかったらアカンってことですわ。自分が嫌われてることもあり得ますからなぁ。

さいごのみっつめですけど、ちょっと小難しいですけど「民主主義」っちゅうのは、表現の自由がなかったら成り立たへんのですわ。何でかっていうと、民主主義って多数決のことやと思ってる人が案外多かったりするんですけど、そんなわけありまへん。民主主義の大事なところは、実は少数派の意見をちゃんと聞くことにあるんですわ。ということは、少数派が意見を言える場がなかったらあきまへんわな。多数派が、俺らは多数派やねんから俺らが正しい、多数派やから天上天下唯我独尊みたいなことになってしもたら、それは一種の独裁なわけですわ。少数意見までちゃあんと取り入れられる懐の深い民主主義がよろしな。

まあそやけど、人を傷つけるような表現の自由が無制限ってわけとはちゃいますねん。それは刑法で書いてある犯罪になることもありますねんで。そんなことでいうたら、「ヘイトスピーチ」っちゅうのんが表現の自由なんかどうかっていう議論がありますねん。

もともとはアメリカの大学で、非白人の人とか女性に対しての差別事件がぎょうさん起こって、各大学がそれはアカンってことで差別的な表現も含めて、ハラスメント（いやがらせ）行為をやめさせることからできた言葉ですねん。とくに、人種とか民族、性などのマイノリティ（少数者）に対する差別に基づいてされる攻撃なんですな。そやから、「ヘイト」っていう言葉そのものがマイノリティに対する否定的な感情を特徴づける言葉なんですわ。せやさかい、ヘイトスピーチは「憎悪表現」というより「差別煽動」って日本語の方が正しいんちゃうと師岡康子さんなんかは言うてはります。

有名なのは新大久保で若い子が「良い朝鮮人も悪い朝鮮人もどちらも殺せ」って書いたプラカード持って叫んでたこととか、京都朝鮮第一初級学校（日本の小学校にあたる）の前で「おまえら、うんこ食っとけ、半島帰って」なんてオッサンらが大音量で子どもに向かって叫びまくってたこととかですかいな。これって、守らないといけない表現なんでしょうかね？

実際きいたら大きい声で叫んでて怖いなって思うし、当事者やったら自分に向けられて言われてるわけやから、これがどんなに怖いかっておばちゃんやったら想像つきますやろ？　ましてや、子どもに向かって大人がこんなこと叫ぶって、そんなことが表現の自由なんですやろか？ 言葉の暴力ちゅうのは、実際の暴力まで起こしてしまうことありますな。これがヘイトスピーチですわ。

子どもに「汚い言葉つこたらアカン」って言うのは、どっかでそれが本能的にわかってるからですわ。これを表現の自由やっていうて守るのはどやねん？　って、真剣に考えてみてな。

井戸端会議もでけへんようになったら暗黒時代やわ

どんなお仕事でもできるんやろか？

［居住・移転及び職業選択の自由、外国移住及び国籍離脱の自由］

1　何人も、公共の福祉に反しない限り、居住、移転及び職業選択の自由を有する。

2　何人も、外国に移住し、又は国籍を離脱する自由を侵されない。

おばちゃん語訳

1　どなたはんも、ひとさまにご迷惑おかけせーへん限りは、どこに住んでもええし、引っ越ししてもええし、どんな仕事選んでもよろしいで。

2　どなたはんも、外国に移り住んだり、日本国民やめる自由ありまっせ。

ここポイントやで！

「職業の自由」とも解釈されてまんねん

これと29条の財産権は、「経済的自由権」っていわれますねん。21条の表現の自由（p72）のところで書きましたけど、「精神的自由権」よりは人権の中で軽いとされてるんですわ。とはいえ、軽んじてええっていうわけちゃいますから、そこは気つけてくださいな。

まず、日本は自由主義経済（資本主義）の国ですさかい、個人とか会社が自由に市場（お豆腐売ってる「いちば」とちゃいまっせ。「しじょう」でっせ）でお互いに競争するっちゅうのが、とどのつまり個人とか社会が繁栄していくっていう考えですから、これを支える権利がこの経済的自由権ですわ。

日本国憲法はそやけど何でも市場に任してたらええっていう考えではなくて、経済的に弱い人を守ろうということを前提にできてますねん。せやから、25条で生存権が保障されてたり、ここでもまた「公共の福祉」に反しない限り経済的自由が認められてるって書いてますやろ？

さてはて、職業選択の自由についてちょっとお話ししときましょか。昔の「士農工商」のあった時代なんかは、身分制度とともに選ぶことのできる職業も決まってましたから、職業選択の自由なんかなかったわけですわ。せやけどなんで、自分が就きたい仕事に就くのに「公共の福祉」がまた出てくるねんなー？　って疑問がわいてきまへんやろか？

例えば、お医者さんになるためには国家試験受からへんかったらなれまへんやろ？ときどき無免許で診療してたって人がおるってニュースになることありますけど、ホンマにちゃんと知識あるんかどうかも怪しいわけですし、そもそも試験に受からへん人に診察してもろて点滴してもらったりしてるの怖いですやん。この「免許」のいる職業っちゅうのにも意味があるんですわ。なりたいから誰でもいつでもなれるわけやなくて、なりたい人が頑張ってお勉強して知識つけてなってもらわな困りますねんっていう職業があるってことですわ。

この職業選択の自由っていうのには、営業の自由っていうのも含まれてるって考えられてますねん。せやから、「職業の自由」っていう呼び方のほうがええんちゃうっていう人もいてはります。お風呂屋さんって距離制限っていうのがあるの知ってはります？　これ実は裁判になったことあるんですけど、お風呂屋さんは地方の条例によって違いますねんけど、だいたい200メートル以上離れて営業せなあきませんねん。最高裁判所は、これは憲法違反ちゃうって言うたんですわ。二回おおきな裁判あったんですけど、はじめの裁判はお風呂屋さんがあちこちにできたら競争が激しくなって値段さげ合戦になって、衛生設備にお金まわされへんようになって不衛生になるわってことでしてん。

二回目のやつはもっと時代があとの平成になってからの判決ですねんけど、そのころには地域のお風呂屋さんがどんどん減っていってたことから廃業とか転業も防止せなあかんってなりましてん。趣味で大きいお風呂入りたい人はまだしも、お風呂がおうちにない人にとっては地域のお風呂屋さんなくなったら大変な問題ですもんな。実際、お風呂屋さんやめて駐車場にしてはるところも多いですから、それなりに保護する必要がある職業もあるってことですわ。

なんでもかんでも規制緩和したらええってもんともちゃうっていうことは知っといてくださいな。

したくてもでけへんお仕事もありますねん

結婚て何やろか？

［家族生活における個人の尊厳と両性の平等］

1　婚姻は、両性の合意のみに基いて成立し、夫婦が同等の権利を有することを基本として、相互の協力により、維持されなければならない。

2　配偶者の選択、財産権、相続、住居の選定、離婚並びに婚姻及び家族に関するその他の事項に関しては、法律は、個人の尊厳と両性の本質的平等に立脚して、制定されなければならない。

おばちゃん語訳

1　結婚っちゅうのは、お互いの一緒になりたいなっていう気持ちだけで成立しますねん。ふうふが同じ権利を持つのは基本中の基本やし、お互い仲良うしてやっていかなあきまへんで。

2 どなたはんと結婚するんかとか、財産のこととか、相続のこととか、どこに住むかとか、離婚とか結婚とかの家族に関すること全部、法律つくるときには個人が個人として尊ばれることと、二人が本来平等であるということが当たり前のことやって確認してやらなアカンよ。

ここポイントやで！

なんで女の人ばっかりなん？

大日本帝国憲法の時代には、女の人は法律では無能力者とされてましてん。無能力者って何かいなっていいますと、結婚するまでは父親の、結婚してからは夫のモノとされたわけで、何かの契約したりできませんでしてんわ。今でいうたら、スーパーマーケットのポイントカードすらつくられへんみたいな感じですわ。

まあせやから、「女子供（おんなこども）」っていう言い方ありますけど、女と子どもは同じ扱いやったわけですわな。男の人に付随して生きるような制度を、家父長制とか、家制度っていいますねん。その時代は、「不倫」も女の人だけが「姦通罪」いうて罰せられてましたし、女の人だけに不利な法律もいっぱいありましてん。

日本国憲法になってから、一応は家制度もなくなりましたし、姦通罪もなくなりましたわ。とはいうても、民法とか刑法は大日本帝国憲法のときにできたモンで、ちょこちょこ改正はしてますけど、いまでも何で女の人だけにこんな法律あんの？ってモンもありますねん。例えば、民法でいうとまず、７３３条の再婚禁止期間ってやつですわ。男の人は離婚したその日に別の女の人と結婚することできますねんけど、女の人は１００日待ってなあきまへんねん。確かに、外国でもこんな法律のある国はありますねんけど、ほとんど男の人も女の人も一定の期間、再婚でけへんようになってますねん。宗教上の理由で、結婚するときに神さんに二人の仲を誓ったのにその誓いを破るのはけしからんとか、不倫した方には再婚禁止期間があるとかですな。

せやけど日本の場合はそんな理由と違いますねん。それは、子どもができた場合に「この子誰の子？」っちゅう状況を避けるためにできたと言われてますねん。父親が誰かわからんかったら、オトコはんが逃げるかもしれんってとこですわ。その当時には意味があったんかわかりませんけど、いまどき誰の子かは簡単にわかりますし、もっというたら何で女の人だけが待ってなあかんのかっていう理由の説明にはなってない気しませんやろか？　だって、70歳すぎた女の人が再婚したいなって思った場合に、妊娠してるかどうかの確認が必要やから100日待ちなはれって、そんなおかしな話おまへんわな。

ほかにも、ようやく最近になって世間で話題になってきた「無戸籍」のお子さんの問題の発端にもなってる民法772条の嫡出推定ってやつも考えてみましょ。これは、結婚してる時に妻が妊娠したら、夫の子と推定するってモンなんですけど、そらまぁ一般的にいうたらそんなん当たり前ちゃうんって思うかもしれませんけど、夫が自分の子でないって証明したら、この推定は働きませんねん。話題になった喜多嶋舞さんと大沢樹生さんのケースはこれにあたりますな。

そやけど、むしろ問題はこれの2項ってやつですねん。これは、結婚してから200日を経過した後と、離婚してから300日以内に生まれてきた子どもは結婚してるときにできた子とする、ってあるんですわ。つまり離婚してから300日以内に子どもができた場合は、前の夫の子どもとするっていう推定が働くってやつですねん。

明治時代に民法ができたときは、「父なし子」というのはそれはそれはひどい差別にあっていたので、その時代にはこの規定で「あんたがお父ちゃんやで」と言うことは必要やった事情はありましてん。

そやけど、いまの時代には弊害のほうが多いっていわれてますねん。DVにあった女の人が何年も逃げてて、ようやく離婚が成立して新しい人との間に子どもができたとしても、300日以内だったら前の夫に連絡いったりするわけですわ。それはナンボなんでも怖いさかいに、出生届を出さはれへんケースがあって、そうなるとお子さんは無戸籍になるわけです。ほんでそもそも、この規定どおりにいくんやったら、さっきの再婚禁止期間の理由は成り立ってへんこともわかりますわな。

あとは、何で結婚する年齢が男の人が18歳で、女の人が16歳なんかとかも、なんやようわかりまへんな。それに、結婚した後に苗字かえるのも、民法では夫か妻の姓どっちでもええって書いてますねんけど、日本では96%の女の人が男の人の苗字になりますねん。これはまだまだ、おうちのなかも世間でも、男の人が苗字かえたら「いや〜、あの人養子さんならはってんわぁ」って言われたりしますもんな。そんなんどっちでもよろしいがなって思いますねんけど。女の人が当たり前に変わるって思われてる世間の風潮も、これ事実上は女の人に変えやってていうプレッシャーになってますねん。そやさかい、「選択的夫婦別姓」っていう制度をいれたらどないやろ？　って言うてはる人らもいてはります。

これは、夫の姓でも妻の姓でも、それぞれが元の姓名乗っててもええんちゃうっていう、三番目の選択肢をつくろうっていうモンですわ。私もそうですけど、研究者なんかやってたら自分の元の名前の業績が消えてしまうということがあって、事実上の別姓とか、事実婚してはる人も多いんですわ。「みんな違ってみんないい」んやったら、三番目の選択肢つくることに何が問題ありますねんやろな？

反対してはる人らは「家族が崩壊する」とか、「家族の同一性が失われる」とか言いますけど、苗字だけでしかつながってない家族の絆ってエライ弱いんですなぁと思いますし、同一性ってホンマにとことん言うんやったら離婚した妻が前の夫の姓名乗ったらあかんのんちゃいますか？　って問いたいですなぁ。

結婚する前も、した後も、
やめるときもいろいろありまっさ

生活保護ってお上のお恵み？

［生存権、国の社会的使命］

1　すべて国民は、健康で文化的な最低限度の生活を営む権利を有する。

2　国は、すべての生活部面について、社会福祉、社会保障及び公衆衛生の向上及び増進に努めなければならない。

おばちゃん語訳

1　どなたはんも、健康で人間らしい最低限度の暮らしができる権利ありまっせ。

2　国は、すべての生活の場で、福祉とか、社会保障とか、衛生面とかがようなるようにちゃんとやっていかなあきまへんで。

ここポイントやで！　誰もがお世話になる可能性がありますねんで

この数年で、生活保護がエライことになってしまいましたな。生活保護もろてるお人らが、ものすごい叩かれましたなぁ。叩いてるお人らは、一生絶対に生活保護のお世話になることのない、強いお人らなんですやろな。どんな事情があって私かていつ具合わるなるかわからへんから、そのときのためにも払える税金はいま払《はろ》て、支えあう仕組みのなかで支えられる人が困ってる人を支えたらええんちゃうんって思うんですわ。その仕組みを使ってる人を「ずるい人らや」って決めつける話は聞いててしんどいモンありましたわ。

いや別に、世の中にずるい人がおらへんとは言いませんで。そら、ずるい人はいてはります。ごまかす人もいてはります。せやけど、ごくごく少数のそのずるい人をことさらに取り上げてワーワー叩くって、ちょっとナンボなんでもいきすぎちゃいますやろかな。貧困になるのは貧困になった人が悪いんでっか？　本人が怠けモンやったら貧困になるんでっか？　運とか間の悪いお人っていてはりまして、お勤め先のいくとこいくとこつぶれるとか、事故に遭《お》うたりですとか、病気になったりですとか、学校に行かれへんかったから学歴が低いとか、いろんな理由で貧困になる人いてはりますやろ？　それ全部、自己責任なんていうてたら、自分がそんな目に遭うたときに他人さんからそれ言われたこと考えてみなはれ。どんなに冷たい世の中なんやろって思いまへんやろか。

ホンマに生活保護必要としてはるお人らのなかには「生活保護もろてごめんなさい」っていう人いてますねんけど、これな、権利ですねん。困った人らの自立を助けていくためにできた権利ですねん。精神的に自立して、人としての誇りも持ち合わせてなかったら、経済的な自立なんかできへんと思いまへんか？　そないおもたら、叩くことが得にならへんこともあるんちゃいますやろか。現代の日本で、餓死する人いてはりますねんで。何で餓死するまで放っとかれなあきませんねんな。

この生存権からは、生活保護のほかに年金などの社会保険とか、その他の社会福祉、食品衛生などの公衆衛生なども引き出されますねん。まあ最近は、日本の財政悪化してますから、国のお財布は一つしかないわけで無限にはお金でてきまへん。そやけど、お財布が一つしかないからこそ、どこにお金かけていくのかっちゅう話は、誰かが得してるとか損してるとかいう話だけで片付けたらあきまへんわな。
生活保護は誰もがお世話になるかもしれへんモンやっておもといた方がよろしいし、お世話になることは恥ずかしいことでもなんでもないし、お情けでいただくモンでもありまへん。もっぺんいいますけど、これ憲法上の権利ですねんで。

生活保護は憲法上の権利ですわ!

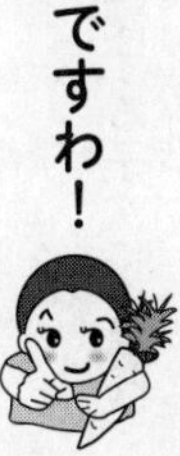

義務教育って誰の義務？

［教育を受ける権利、教育の義務］

1　すべて国民は、法律の定めるところにより、その能力に応じて、ひとしく教育を受ける権利を有する。

2　すべて国民は、法律の定めるところにより、その保護する子女に普通教育を受けさせる義務を負ふ。義務教育は、これを無償とする。

おばちゃん語訳

1　どんなお人でも、別の法律で定めますさかい、ご自分の能力に応じた教育を受ける権利がありまっせ。

2　どんなお人も、自分のお子さんとか、責任もってお世話にあたってるお子さんに義務教育を受けさせる義務がありますねんで。義務教育はタダでっせ。

ここポイントやで！

昔のお母はん、頑張ってくれはりましてん

巷でお話ししてましたら、ときどき「子どもが学校行くのは子どもの義務や！」という人にでくわしますねん。いやいや、よう憲法よんでください。これ、子どもを学校に行かすのは、保護者の義務ってことですねんで。おうちの事情、例えば小学校でも中学校でもお子さんが労働力として必要なおうちがあったとしても、それでも子どもを大人は学校に行かせなあきまへんねんでってことですねん。子どもにはなんの義務もありまへんわ。

その昔は、義務教育の教科書もタダとちゃいましてんで。これは、部落解放運動の中で達成されたモンですねん。教科書が高くて、そのせいで学校に行かれへんお子さんも多かったんですわ。学習会で憲法の勉強してはったお母はんたちが、義務教育が

タダやっていうのには、教科書なかったら勉強でけへんねんから教科書も含まれてるんちゃうん？って思い立ちはって、運動した結果、教科書もタダなりましてん。部落の人たちだけでなくて、そのほかの人もみーんな今ではこの恩恵にあずかってますな。

教育の義務は大人に課せられてますねんで！

働くことの権利と義務って？

［勤労の権利及び義務、勤労条件の基準、児童酷使の禁止］

1　すべて国民は、勤労の権利を有し、義務を負ふ。

2　賃金、就業時間、休息その他の勤労条件に関する基準は、法律でこれを定める。

3　児童は、これを酷使してはならない。

おばちゃん語訳

1　どんなお人も、働く権利ありますし、義務もありますねん。

2　お給料、働く時間、お休みとかの働くルールは、別の法律で定めますさかい。

3　子どもにキツイ仕事させたらあきまへん。

ここポイントやで!　ブラック企業を暗躍させせんといて

人間っちゅうのは、仙人にでもならん限りは霞を食べては生きてはいけまへん。衣食足りて礼節を知るっていう言葉もありますな。着るモン着て、食べるモン食べて、雨露しのぐ場所がなかったら誰でもすさんでいきますわ。そのためには、お金がいりますさかいに、稼ぐための手段として働くっていうことはとっても大切なことなんですな。もちろん、働くのはお金のためだけやない面はいっぱいありますけど、せやけどまずは稼がな話になりまへん。

せやけど、働きたくてもその場所がない人とかはどないしたらよろしいんやろ？　働く義務があるっていうときながら、誰も雇ってくれへんかったらどないしたらよろしいんやろ？　ということで、これはやっぱり国が労働する機会を与えなあきまへんやろということで、職業安定法とか雇用保険法とかの法律がありますねん。

働きだしたら日本の人はよう働きますねん。働きすぎて過労死するなんてこともありますけど、これ〝Karoshi〟って英語の辞書に載ってますねんけど、外国の人には働きすぎて死ぬとか考えられへんのですって。ほんで、まわりがみんな大変な状況にあったら、自分も文句いうたらアカンって思ってしまうところがあって、「ブラック企業」なんてものが暗躍するんですな。働く義務があるからいうて、強制労働させられたり、人としてどうかと思う働き方を強制されるわけとはちゃいます。

働けるようにするためには
国にも頑張ってもらわなあきまへん

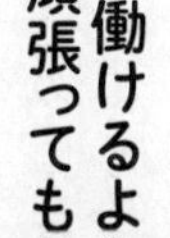

働く人を守りましょ！

［勤労者の団結権・団体交渉権その他の団体行動権］

勤労者の団結する権利及び団体交渉その他の団体行動をする権利は、これを保障する。

おばちゃん語訳

働くお人らが雇ってるところに対して団結したり、団体で交渉したり、団体で行動したりする権利ありまっせ。

ここポイントやで！
ストライキを罰したらアカン

さっき、ブラック企業のこと書きましたけど、何やかんや言うて、働く人と雇ってる人でいうたら、雇ってる人の方が強いですわな。ちゃあんと働いててもいっこも条件がようならへんとか、休みなく働かされるとか、やっぱりそんなんナンボなんでもしんどいがな、という状況になった時に、一人ではなかなか雇ってもろてる人に言いにくいモンですやんか。そやさかい、労働組合つくったり、その組合がお給料とか働く時間の交渉したり、それでも交渉がうまくいかへんときはストライキしたりすることできまっせってことですねん。正当なストライキには、罰則は適用されまへんねんで。

働く人っていうのは、職種とか、お給料が高いとか安いとか関係なく、お給料もろて生活してる人のこと指しますねん。せやさかい、公務員も労働者いうたら労働者なんですけど、憲法15条に全体の奉仕者って書いてあるから、制限できるっていう風にされてますねん。警察の人なんかは、労働基本権全部認められてないんでっせ。とはいうて、公務員でも民間の労働者と同じようには認められへんとしても、公務員も労働者やってことは考えなあきまへんな。日本に住んではる人の多くは経営者やなくて雇われてる労働者と思ったら、自分のこととして労働者の権利を考えなあきまへんねん。そうやないと、自分のクビしめることにもなりかねまへんわ。

無制限なわけやないけど
働く人みんなに認められてるで

財産もってもよろしいで

〔財産権〕

1　財産権は、これを侵してはならない。

2　財産権の内容は、公共の福祉に適合するやうに、法律でこれを定める。

3　私有財産は、正当な補償の下に、これを公共のために用ひることができる。

おばちゃん語訳

1　財産を持つ権利は誰も侵したらあきまへんで。

2 財産権の中身は、ひとさまにご迷惑をおかけせーへんように、別の法律で書きますわな。

3 個人の持ってる財産は、みんなのために使うことができますねんけど、そのときはちゃんと補償しまっせ。

ここポイントやで！ 私有財産はみとめるさかい

ナンボ頑張って働いても、私有財産っていうて自分の財産を持ったらアカンと言われたら働く気なくしまへんやろか？　その私有財産を認めへんかったのが社会主義で、これが社会主義国家がつぶれた一因や言われてます。

お金稼ぐのがアカンというお人もいてはるかもしれませんけど、稼ぐために頑張る人もいてはるわけやから、そらそれが報われるようにせなあきまへんわな。これが財産権ですわ。財産を持ってる人も、完全に自由に財産を使ったり処分できたりするわけやなくて、ここでも公共の福祉のためにつかうっていう制約がでてきてますねん。

あと、自分の財産であっても、「公共のため」、つまりみんなのために使う場合には使わせてなってことが書いてあるんですけど、そのためにはちゃんと補償せなあかんでっていうのがセットですわ。これの有名な例が、新東京国際空港（成田空港）の建設のときにもめた話で、公共ってなんや？　って話になったんやけど、未だに完全な解決には至ってないんですわ。

自分の財産でもみんなのために使うことあるで

税金おさめる義務

［納税の義務］

国民は、法律の定めるところにより、納税の義務を負ふ。

おばちゃん語訳

みなさん、税金払う義務ありますねん。

ここポイントやで！

最近は納税者の意識も高まってるねん

なんで税金って払わなあかんのでしょう？　って思ったことのある人はいっぱいいてはりますんちゃいますやろか？　私もよう思います。消費税もどんどんあがってますけど、暮らしがようなってるっていう実感がないのは、納めた税金がちゃんと使われてへんのちゃうやろかって思うのもあるからですわ。

まあせやけど、国のお財布にまったくお金が入ってけーへんかったら、例えば生活保護をしようと思ってもできまへんわな。また、財産権がちゃんと守られるためにも、国が持ってるモン持ってへんかったら補償できまへんわな。せやから、払えるお人はその能力に応じて税金ちゃんと納めてやっていうのがこの規定ですわ。

最近では、納税者（タックスペイヤー）として、ちゃんと政府の動きをみなあかんっていう意識が高まってるとも聞きますわ。そら、自分の納めたお金がちゃんと使われてへんかったら腹立ちますもんな。

困った時はお互い様やから払えるときには払ときましょ

罪と罰

〔法定の手続の保障〕
何人も、法律の定める手続によらなければ、その生命若しくは自由を奪はれ、又はその他の刑罰を科せられない。

おばちゃん語訳

どなたはんも、ちゃんと法律に書いてある手続き以外で、命とか自由を奪われたり、その他にもある罰受けることおまへん。

ここポイントやで！

罪刑法定主義ですねん

誰か何か法律に書いてるところの悪いことしはった場合に、罰を与えることができますねんけど、これは単に法律があるっていうだけではあきまへんねん。それが適正な法律であるかどうかもあわせて考えなアカンことまでここから読み取れますねん。なにが適正なんかどうかっていう判断はものすごい難しいですけど、罰を科す場合には犯人と疑われてる人に弁解の機会なんかを与えることが必要なことですねん。

ほんで、法律に何が悪いことで、どんな罰が与えられるのか書いてないとアカンのですけど、これは罪刑法定主義って呼ばれてますねん。いまこれで問題になってるのが、２０１３年12月に成立した「特定秘密保護法」ですわ。この法律は国の大事な秘密をばらしたら捕まえまっせっていうモンですけど、何が秘密なんかは秘密なんですわ。いやはや、怖い怖い。

ちゃんと法律に書いてなかったら
罰は与えられまへん

死刑は残虐か？

［拷問及び残虐刑の禁止］
公務員による拷問及び残虐な刑罰は、絶対にこれを禁ずる。

おばちゃん語訳
国で雇われてる公務員が拷問したり、えげつない刑罰したりしたら絶対にアカンで。

ここポイントやで！
死刑ってあったほうがええ？

死刑について、みなさんはどない思わはりますか？　いまの日本では、人を殺したと明らかに証明された場合で、どうしても死刑以外の罰ではアカンという場合に死刑が科せられることがありますねん。世界的には死刑は廃止の方向に動いていて、例えばEU（ヨーロッパ連合）に入りたい場合は死刑を廃止しないといれてくれまへんねんわ。何でかっていうと、人の命が大切やっていうといて、命を国家が奪ってええのかっていうことですねん。死をもって死を償えというのは、有名なハムラビ法典の「目には目を歯には歯を」と同じことですもんな。

何よりも、「冤罪」ってことを考えなあきまへん。要は濡れ衣きせられて犯人に仕立てられた人が存在するってことですわ。少しはマシになったと言われてますけど、日本の捜査っていうのは「自白」を強要するきらいがありましてん。そやさかい、逮捕したお人を追い詰めて追い詰めて、自分がやりましたっていうまで追い詰めて自白させたケースがぎょうさん報告されてますねん。それで犯人に仕立てられたお人が、裁判でやってないって言うても結果的に死刑が言い渡されるっていうことありましてん。たった一人のお人でも、国家が濡れ衣着せて命を奪ったことがあるんやったら、やっぱりこの死刑っていうのは考えなアカンことちゃいますやろかな。

あと、日本ではアンケートとったら死刑があった方がええって言うお人がものすごい多いんですけど、そのアンケートのご意見っちゅうのは「自分の大切な人が殺されたら」っていうことがほとんどですねん。ちょっと待って、「自分や自分の大切な人が濡れ衣きせられたら」っていう視点はなんで出てけーへんのでしょか？ そのときは自分が潔白でも、諦めますんかいな？ そこんとこも、よう考えなアカンとこですな。

で、死刑が残虐かどうかっちゅうことに関しては、たくさん出てる手記とか、映画とかに触れてみてほしいなと思いますわ。処刑を待つまでの精神状況、処刑場面の様子などよんだら、正直なところ死刑なんて必要なんかって思わざるを得ないですわ。

まあそもそも、残虐でない処刑なんて存在しやへんとも思いますけどな。

残虐でない死刑はありまへん

3章

「日本国のしくみ」ってどないなってるん？

権力っちゅうのは分散させた方がよろしいわなぁってことで
国会、内閣、裁判所にそれぞれ力を分けましてん。
自由や権利とかをなるべく侵害してけーへんよう
お互い暴走せーへんようするためのモンですわ。

三権分立っちゅう仕組みがありますねん

いまの憲法をつくるにあたって、もっとも重要視されてきたのは人権を守ることですねん。それをするために、政治がどないせなアカンかも考えられましてん。国の政治がどないなっていくかっていうことを最後に決めるのは国民なんですねんけど（国民主権）、政治のしくみの原則として、権力っちゅうのは分散させた方がええってことが歴史のなかでわかってるんで、権力分立というのが大事ですってなりましてん。そらやっぱり、権力が何でも好き勝手にやっても誰も止めることができへんのは怖いですもんな。

いまの日本の権力を分散させるのは、「三権分立（さんけんぶんりつ／ぶんりゅう）」っていう仕組みですねん。これは、国の権力を「立法（国会）」、「行政（内閣）」、「司法（裁判所）」の三つに分けまして、それぞれが大事なことをやりつつ、お互いに暴走せーへんように力を抑えさせて、力のバランスを取ろうっちゅうもんですわ。これをするねらいは、国っちゅうのは権力を一手にもつと暴走するやんなっていうことを歴史から学んでるわけやさかい、みなさんがたの自由とか権利とかをなるべく侵害してけーへんようにするためのモンですわ。

ちなみに、大日本帝国憲法のときは、天皇さんはすべての権力をみるという役割がおありで、そこの下に一応三権みたいなのがあったってことやから、まったく権力の分散がはかられてなかったかって言われるとそうとも言われへんのですけど、そやけどまあちゃんと分散してたとは言えまへんわな。

お互い暴走せーへんように、というのは、例えば国会は内閣総理大臣の指名権をもってますし、内閣は衆議院の解散権をもってますし、裁判所は国会が作った法律とか、政府の命令が憲法に反してておかしいんちゃうんという違憲判断をすることができますねん。まあせやけど、議院内閣制っていうのは国会議員のなかから首相を選ぶ仕組みになってますさかい、そこまでバシッと権力が分かれてるとも言いにくいところもありますな。アメリカの大統領制なんかは、国会議員は国会議員で選挙ありますけど、大統領は大統領で別に選ばれることになってますからな。

ここからは、三権のこと、ちゃっちゃっとみていきましょ。

国会まとめてドーン！

法律作るのってだあれ？

［国会の地位・立法権］
国会は、国権の最高機関であつて、国の唯一の立法機関である。

おばちゃん語訳

国会は、国の最高の権力も権限もある組織で、国でたった一つの法律作ることができるところでっせ。

ここポイントやで！

「最高機関」やねんて！

国会っちゅうのは、主権者である私らを代表する「最高機関」ですねん。ほんで、皆さんが気ぃよう暮らしていけるための権利とか義務とかを決める「法律」をつくるのは、日本では唯一国会だけですねん。ときどき国会中継みますねんけど、夜眠れなくてっていう人でも一発で眠とうなる感じやし、なんやもう今どき幼稚園児でもそないに汚い言葉で他人さん罵らへんでみたいな野次が飛び交う議場みてたら、ホンマにちゃんと代表してくれてるんかどうか不安なることようありますねん。とはいうても、そんなお人たちを選んだんは私らですさかい、私らにも責任ありますわな。

議員選ぶ私らにも責任ありますなぁ

国会にはふたつの議院がありまっせ

［両院制］
国会は、衆議院及び参議院の両議院でこれを構成する。

おばちゃん語訳

国会は、衆議院と参議院のふたつの議院でやりまっせ。

ここポイントやで！

これも押し付け？

いまの憲法が押し付けや！　っていうお人らは、これどない思いますやろな？
ＧＨＱは、一院制を求めてたんでっせ。せやけど日本側が強く抵抗しましてん。

その理由は二つありましてな、一つ目は慎重な審議が可能やろ、ということ、二つ目は極端な政権交代を抑えられるってことでしてん。結果として、二院制になったのは日本側の意見が通ったってことですわな。参議院はもともとの貴族院の系統になりますねんけど、「良識の府」って言われてますねん。

せやけど、最近では衆議院とあんまり差もないなぁっていうので、一院制も主張されてきてますねん。どっちかいうて、押し付けいうてる勢力が一院制主張してるんも何や皮肉ですなぁ。

ふたつの意味も考えなあきませんな

国会議員ってどないして選ばれるん？

〔両議院の組織・代表〕

1　両議院は、全国民を代表する選挙された議員でこれを組織する。

2　両議院の議員の定数は、法律でこれを定める。

おばちゃん語訳

1　衆議院と参議院は、選挙で選ばれた国民の代表者でつくりますねん。

2　議員さんの数は、法律で定めましょ。

ここポイントやで！

議員さんの数

議員さんの数っちゅうのは、公職選挙法で決められてますねん。いまのところ、衆議院は465人（小選挙区289人・比例代表176人）、参議院は248人（選挙区148人・比例代表100人）となってますねん（2019年夏の参院選から適用）。この数が多いとか少ないとかっちゅう議論もようありますけど、日本は諸外国と比べたらそないに多いっちゅうわけでもないんですわ。まじめに親身に私らのために働いてくれてはったら、税金ぎょうさん使てもそないに反感買えへんと思うんですけど、そうは思われへんことが多いから数が多いとか言われるんちゃいますかな。

選挙も複雑ですさかいなぁ

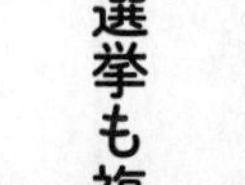

衆議院の議員さんて何年できますんかいな？

〔衆議院議員の任期〕
衆議院議員の任期は、四年とする。但し、衆議院解散の場合には、その期間満了前に終了する。

おばちゃん語訳

衆議院の議員さんは4年できまっせ。せやけど、もし衆議院が解散してしもたら、4年できまへんで。

ここポイントやで！

衆議院のほうが強いワケ

なんでもそうですねんけど、権力っていうモンは長いこと持ってたらロクなことおまへんから、そないならへんようにするために衆議院は4年っちゅう任期になってますねん。他の国で衆議院と比較するのは「下院」って言われるところなんですけど、各国みても、だいたい3年～5年くらいが任期やさかい、間とった感じですな。
まあせやけど、衆議院は4年の任期がまっとうされたんは、1976年12月にあった選挙だけ、たった1回ですわ。他は時の総理大臣が「かいさーん」って言うたら解散なりますから、衆議院議員っちゅうのはリスクが大きいですな。その分、参議院よりも優越した地位を与えられてますねん。

4年の任期まっとうしたんって戦後1回だけですねんて！

参議院の議員さんは何年できますんかいな？

［参議院議員の任期］
参議院議員の任期は、六年とし、三年ごとに議員の半数を改選する。

おばちゃん語訳

参議院の議員さんは、6年できますねん。3年ごとに、半分ずつ議員さん入れ替えますねん。

ここポイントやで！

参議院の独自性って？

参議院の議員さんは、衆議院の議員さんと違って、解散がおまへんからよほどの事情がなかったら6年できますねん。せやから、参議院はじっくり腰据えてできるさかいに中長期の展望をちゃんと持ってやってやってことになってますねん。よその国でも、上院は下院よりも任期長いんですな。ほんで、3年で半分ずつ議員さん入れかえるんも、もし衆参同日選挙があったとしても、参議院の半分は残るわけですさかいに、「国権の最高機関」に空白が出ないことになりますねん。

そんなことで参議院の意味はあるんですけど、一方で衆議院と同じようなモンやんという議論もあるわけですねん。「良識の府」といわれる参議院の独自性が、ようわからんようになってきてるからですな。

参議院議員はよほどのことがない限り6年できますねん

48条

衆・参いっぺんに欲張りはできまへん

［両議院議員兼職の禁止］

何人も、同時に両議院の議員たることはできない。

おばちゃん語訳

どなたはんも、同時に衆議院と参議院の両方の議員さんにはなれまへん。

ここポイントやで！

地方自治体の首長は国会議員になれるん？

オリンピックなんかで、他種目に出はる選手いてはりますけど、国会はそうはいきませんねん。そもそも、衆議院も参議院もどっちもの議員する人が増えてしもたら、二院制にしてる意味もおまへんわな。似たような話でいうと、公職選挙法では国会議員と地方自治体の首長は兼任でけへんってしてますねん。首長いうたら、知事とか市長とかですな。大阪の橋下さんなんかが、大阪市長しながら国会議員出たらアカンのか？　と言うてはりましたけど。

衆議院と参議院と
兼任してもろたらややこしいわっ

議員さんのお給料

［議員の歳費］
両議院の議員は、法律の定めるところにより、国庫から相当額の歳費を受ける。

おばちゃん語訳

衆議院と参議院、どっちもの議員さんも別の法律に書いてあるところにより、国のお財布からそれ相応のお給料あげまっせ。

ここポイントやで！

それ相応ってどんなモン？

議員さんのお給料がナンボかってことなんですけどな、それ相応ってどんなモンやねんって気になるところですわな。これは国会法で一般職の国家公務員の最高額より少なくない額って決めてますねん。いや、せやからそれがナンボやねんってことでしょ？　一般職の国家公務員の最高額は、事務次官で月額、１１７万５０００円（２０１８年）ですさかいに、それより少なくないのが相当額ってことですな。そのほかにも、旅費とか手当とかも含まれるので、一般議員の場合は年間で少なくとも約２１８２万円（２０１８年）もろてはるってことですわ。

とはいえ、東日本大震災なんかがあったら、復興財源をねん出するために議員ひとりあたり年間約２割カットしたりしてましたから、全部もろてはれへんこともありますねん。これが高いと思うか、安いと思うかも、どれだけちゃんと働いてくれてはるかという心の財布と連動してますわな。

高いと思うか安いと思うかは
それぞれですな

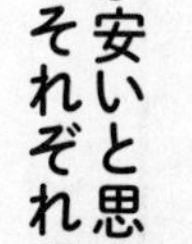

議員さんは国会やってるときは逮捕されまへん

［議員の不逮捕特権］
両議院の議員は、法律の定める場合を除いては、国会の会期中逮捕されず、会期前に逮捕された議員は、その議院の要求があれば、会期中これを釈放しなければならない。

おばちゃん語訳

衆議院と参議院、どっちもの議員さんも別の法律に書いてあるところによらへんかったら、国会やってる最中は逮捕されまへん。国会やる前に逮捕された議員がいてたときで、もしそれぞれの議会が要求することがあったら、国会やってる最中はその間だけは釈放せなあきまへんねん。

ここポイントやで！

何で逮捕されへんの？

何で議員さんは国会やってる最中は逮捕されへんのかって言いますと、もし、司法とか行政とかが自分らの都合の悪いことばっかりいう議員さんがいてはったら、陥れたろかってことになることあるかもしれまへんやろ？　そういうのを防ぐためですわ。とはいえ、まったく逮捕されへんのかっていいますと、逮捕されたことありますねん。例えば、国会の最中に、強制わいせつの現行犯で逮捕された人はアウトでしたわ。それから、政治とカネに関することで政治資金規正法っちゅう法律があるんですけど、その法律に違反した人も逮捕されたことありますねん。

逮捕されることもありますねん

議員さんの発言とかは責任問いまへんで

〔議員の発言・表決の免責〕
両議院の議員は、議院で行つた演説、討論又は表決について、院外で責任を問はれない。

おばちゃん語訳

衆議院と参議院どっちもの議員さんも、それぞれの議会でしゃべった演説とか、討論とか、あと何にどんな風に投票したかっちゅう政治活動について、国会の外で責任とれって言われることはおまへん。

ここポイントやで！

党議拘束ってナニ？

議員さんが国会で自由に意見を表明したりとか、投票するとかいうのは議会っちゅうのを運営する上で大事なことですわな。それから、「評決」っちゅうのは、議案に賛成か反対かってことですけど、これが何らかの責任に問われることないってことですねん。とはいえ、あんまりひどいこと言うて、議院の品位を落とすようなことになったら、懲罰が科せられることもありますねん。それから、党議拘束っちゅうて、各政党が所属議員の投票行動をみんな一緒にせなあかんときに反対する、これを造反っていいますねんけど、それをしたら党から処分受けることもありますねん。この党議拘束ですけど、日本はもともとかかってるっていう前提ですねんけど、諸外国では党議拘束をかけるのに党内で決議が必要やったりして、そもそも論が反対ですねんな。

品位は保ってや！

衆議院って解散されたらどないなんの？

［衆議院の解散・特別会、参議院の緊急集会］

1　衆議院が解散されたときは、解散の日から四十日以内に、衆議院議員の総選挙を行ひ、その選挙の日から三十日以内に、国会を召集しなければならない。

2　衆議院が解散されたときは、参議院は、同時に閉会となる。但し、内閣は、国に緊急の必要があるときは、参議院の緊急集会を求めることができる。

3　前項但書の緊急集会において採られた措置は、臨時のものであつて、次の国会開会の後十日以内に、衆議院の同意がない場合には、その効力を失ふ。

おばちゃん語訳

1 衆議院が解散されることがあったら、解散した日から40日以内に選挙してや。ほんで、その選挙した日から30日以内に、国会に議員さんら集めて国会やってや。

2 衆議院が解散されることがあったら、参議院もそのときはお休みしてや。せやけど、国に緊急のエライことが起こったときには、内閣は、参議院を緊急に集めることができまっせ。

3 2に書いてあるとおりに緊急に参議院を集めて何かを決めるっちゅうのは、あくまで臨時のモンやさかい、衆議院が改めて選ばれたあと衆議院の人らで話し合いして、10日以内に衆議院の同意がなかったら決めたことはなしでっせ。

ここポイントやで！

そのとき参議院は？

衆議院が解散されてからやる総選挙のこととか、そのあとに集められる特別国会のこととか、衆議院の解散中に参議院頑張って代役のお役目果たしてや－、というようなことが書いてありますねん。よう問題になりますのんが、この参議院の代役なんですけど、代役なだけにどこまで重要なことやってええのかってことですわ。例えば、憲法改正とかできてしまえるん？　とかね。あと、緊急事態もあんまり考えてけーへんかったんですけど、東日本大震災があってからはそんなことも起こるかもしれへんなってもうちょっと真剣に考えるようになったみたいですわ。

解散したらしたでややこしいですなぁ

ここポイントやで！ まとめてドーン！

ささて、国会に関係してる条文をドーンと紹介してきましてんけど、さっくりまとめますわな。まず、国会っちゅうのは日本の中でももっとも大事な機関でっせということ、ほんで民意を反映して政治をやってもらわな困りますねんってことなんですけど、民意って多数決ってことちゃいまんねんで。なんべんもいいますけど、多数の人間だけで世の中はできてるわけやありまへん。少数者（マイノリティ）の意見をちゃあんと反映できてはじめて民主主義なわけですわ。せやけどなんか、多数の意見が民意やと思ってはるお人たち、おおいですなぁ。しっかり勉強してもらわな困りますわ。

ほんで、法律って誰がつくるか知ってはりますか？ 国会なんですよ。国の法律作れる唯一の場所が国会なんですわ。法律作れるんやったら、ちゃっちゃっとやったらええのにって思うこといっぱいありますな。法律つくるにも、じつは二つの方法があるんですわ。一つは、内閣が出してくる「政府立法」っていわれるやつで、これはお役人さんが原案つくって内閣法制局っちゅう内閣の法律ご意見番に確認してもろて、ほんで国会にでてきますねん。この方法はものすごい細かいところまでチェック入るもんやから、日本では憲法に法律が違反してる「違憲判断」っちゅうのが少ないともいわれてますねん。二つめは、国会議員が法案を作成して国会に提出する「議員立法」っちゅうやつですわ。まあ数からいうたら、政府立法の方が多いんですわ。

そうそう、国会議員って全部で何人いてるか知ってはりますか？　全部の前に、衆議院は465人いてはって、小選挙区っていう仕組みから選ばれた人が289人、残りの176人が比例代表で選ばれた人ですわ。ほんで、参議院は248人いてはって、そのうち148人が選挙区っていう仕組みから選ばれてて、残りの100人が比例代表ですねん。合計で713人いてはるんです。この数はちょっと多いんちゃうか？　とか、14条のところで書いたみたいに「一票の格差」とかを何とかせなアカンのんちゃう？　っていう法律はなかなかできまへんねん。国会議員の人らも頑張ってはるんでしょうけど、自分らのふところの痛む話はなかなかせーへんっちゅうのでは、そらちょっとズルい感じしますわな。

さあ、ほんで大事な話ですけど、日本は「議会制民主主義」の国やといわれてます。これは、国の政治を託す人、自分の代わりに政治をやってくれはる人を直接選んで、選ばれた代表者だけで作られる議会でのお話しあいとか、お話しあいの結果を通して政治を行おうとすることですわ。代表民主制ともいわれますねん。国会が政治のまんなかにあるって感じるのは、私らの代表が集まってはる場所やからっていうこともありますわな。私らの代表やから、いろんな特権も国会議員には与えられてますねん。

それは、全国民の代表者として、国の政治にかかわってるわけですから、国会議員が自由で独立した立場にいてへんとちゃんと活動でけへんからなんですわ。例えば、不逮捕特権っちゅうのがありますけど、政治活動で逮捕されてたら国会議員できまへんわな。そやさかい、逮捕されへんのは国会の会期の間だけですし、国会外での現行犯逮捕（例えば万引きしたとこ捕まったとか）は、そりゃあ関係ありませんねん。

せやけど、国会議員選ぶからいうて、そのお人たちに政治を何でもお任せしたらええっていう話とちゃいますねんで。なんやいうても、「国民主権」ですさかい、最終的な責任は国民にありますねん。そこのところは、はき違えたらあきまへんな。

内閣まとめてドーン!

内閣ですねん

［行政権］
行政権は、内閣に属する。

おばちゃん語訳

立法と司法を除いた残りのすべての国家が行う活動は、内閣がやりまっせ。

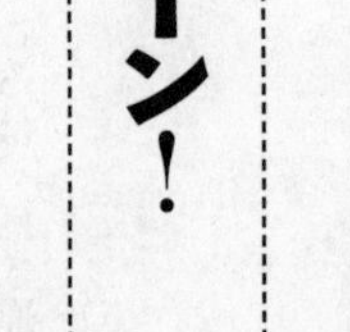

ここポイントやで！

「行政」って何やろ？

「行政」って言葉、けっこう日常語になってて使いますけど、何やらようわかりませんわなぁ。「行政の人」っちゅうたら公務員さしてたりしますもんな。行政っちゅうのは、国防、治安維持、外交、社会福祉の充実、ほんでさらに、経済、文化、社会の発展のための活動まで含むっていわれてますねん。ああもう、さらにようわかりませんな。せやから、立法と司法を除いたモン全部っていう説明が一般的ですねん。

内閣って行政らしいで

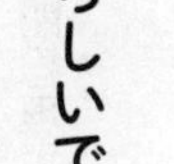

内閣って誰がなれますの？

〔内閣の組織、国会に対する連帯責任〕

1 内閣は、法律の定めるところにより、その首長たる内閣総理大臣及びその他の国務大臣でこれを組織する。

2 内閣総理大臣その他の国務大臣は、文民でなければならない。

3 内閣は、行政権の行使について、国会に対し連帯して責任を負ふ。

おばちゃん語訳

1 内閣は、法律に書いてある通りに、一番エライ内閣総理大臣と、その他の大臣からなりたってますねん。

2　内閣総理大臣とその他の大臣は、文民（日本に軍人がおるかどうかって言われたら微妙なんですけどな）しかなれまへんで。

3　内閣は、行政権っちゅうのを使うこと、つまり内閣がやることについては、国会と連帯責任負いまっせ。

ここポイントやで！

「文民」って誰やねんな？

「文民」ってこれまた、わかったようなわからんような言葉ですなぁ。職業として軍人やってるお人と現役の自衛官や、かつて軍人やったことがあるとか自衛官やったことあるお人やとかいろいろ見解はわかれてますけど、もう既に戦後70年からたってますさかい、職業軍人っちゅうのはいまの日本ではあんまり意味のない規定になりつつありますわ。

せやけど、現役の自衛官か、過去に自衛官やったことがあるのかというところは大きな点ですわな。現実に、自衛隊出身のお人らが防衛庁長官とか防衛大臣になったことありますさかいな。

ちなみに、戦前と戦中の歴代29人の首相のうち、15人が職業軍人の出身でしてん。わざわざここで、「文民」が出てきたんは、9条2項の「前項の目的を達するため」っちゅう芦田修正ってのがいれられたときに、極東委員会から首相や閣僚は文民でないとアカン！と強い要求がありましてん。せやさかい、9条2項と66条2項はセットでしてん。

内閣は大臣さんたちの集まりですねん

総理大臣ってどないして選ぶん？

〔内閣総理大臣の指名、衆議院の優越〕

1 内閣総理大臣は、国会議員の中から国会の議決で、これを指名する。この指名は、他のすべての案件に先だつて、これを行ふ。

2 衆議院と参議院とが異なつた指名の議決をした場合に、法律の定めるところにより、両議院の協議会を開いても意見が一致しないとき、又は衆議院が指名の議決をした後、国会休会中の期間を除いて十日以内に、参議院が、指名の議決をしないときは、衆議院の議決を国会の議決とする。

おばちゃん語訳

1 内閣総理大臣は、国会で国会議員の中から投票して選ぶねんで。いろんな大事な議題があったとしても、これは大事やから一番はじめにやってや。

2 もし、衆議院と参議院で選んだ人が違う場合どないするかっていうと、法律に書いてある通りにしまんねんけど、両方の議院で協議会っちゅう話し合いの場をもうけて話してもらって、それでも意見がまとまらへんときは衆議院で決めた人にしまっせ。それから、衆議院が総理大臣選んだ後、国会のお休みの日を除いて10日以内に参議院で選ばへんかったときは、衆議院で決めた人にしまっせ。

ここポイントやで!

総理大臣は衆議院から?

国会の指名で総理大臣が決まるっていうことですねんけど、記名で投票して、その過半数を得るのが条件ですねん。記名やさかい、誰が誰に投票したかわかるようになってますねん。1回目の投票で誰も過半数とられへんかったら、上位2人でさらに決選投票しますねん。そこでもし同数やったらどないすると思います？　くじ引きですねん。最後は運ってことですな。ほんで、衆議院と参議院どちらからでも総理大臣なれますねんけど、まだ参議院から総理大臣なったお人はいてはりませんねん。なられへんワケちゃいますねんけど、総理大臣は衆議院解散させることできるのに、参議院の人やったら自分は議員でおれるわけやからそれはズルいっていうことがよう言われてます。まあそれよりも、私らが直接に総理大臣選ぶことのできる「首相公選制」っちゅうのも、ときどき出てきては消える議論ですな。地方自治体の首長は直接選んでるわけですさかいに、できまへんってことではないんですけどね。

国会議員の中から選びますねん

大臣ってどないして選ばれんの？

〔国務大臣の任命及び罷免〕

1 内閣総理大臣は、国務大臣を任命する。但し、その過半数は、国会議員の中から選ばれなければならない。

2 内閣総理大臣は、任意に国務大臣を罷免することができる。

おばちゃん語訳

1 内閣総理大臣は、他の大臣を誰にするか決められまっせ。せやけど、その半分以上は国会議員の中から選んでや。

2　内閣総理大臣は、あの大臣イヤやわぁってなったときは自由にやめさせることができまっせ。

ここポイントやで！

「内閣改造」ってナニ？

なんや「内閣改造」っちゅうのがようありますな。正直なところどなたはんが、何の大臣してはるんかようわかりませんわ。最近は、ぎょうさん大臣を兼務してはるのもあって、さらにようわからへんようになってますな。

ほんで聞いてみたら、当選回数がある程度多くなってきたら、大臣待ちリストに入るらしいですなぁ。なんやねんそれ、適材適所で大臣選んでるんちゃうんかいな？　って思いますな。年功序列とか、派閥が前に比べたらマシになったらしいですけど今でもあるみたいですわ。この条文の趣旨わかってへんのんちゃうやろかって、ホンマに腹立つことありますわ。

大臣さんの半分以上は国会議員から選ぶねんて

全員内閣やめてもらいまっせ　その①

［内閣不信任決議の効果］
内閣は、衆議院で不信任の決議案を可決し、又は信任の決議案を否決したときは、十日以内に衆議院が解散されない限り、総辞職をしなければならない。

おばちゃん語訳

内閣も全員やめてもらうことありまっせ。それは、衆議院であんたらのこと信じられへんっていわれたり、あんたらのこと信じまっせっていうことを否定されたときなんですわ。そのときは、10日以内に衆議院が解散されへん限りは、全員やめてもらいますさかいな。

ここポイントやで！

内閣不信任決議ってナニ？

これ、ものすごい素直に読んだら、内閣不信任の決議がでたときと、信任決議が否決されたときにしか内閣は解散されへんことになってますねんけど、実際は有利な時期を総理大臣がみて解散してますねん。ちなみに、内閣不信任決議で解散されたのは戦後4回だけですわ。あと、内閣不信任決議案っちゅうのは衆議院にしか出せませんねんけど、参議院からは総理大臣や閣僚の政治責任を問う問責決議案を出すことができますねん。こっちは可決されたところで、法的な拘束力はないんですけど、閣僚の場合は内閣改造の時に交代させられることが多いですわ。

衆議院からしか不信任決議は出されへんねんて

全員内閣やめてもらいまっせ　その②

［内閣総理大臣の欠缺《けんけつ》・新国会の召集と内閣の総辞職］
内閣総理大臣が欠けたとき、又は衆議院議員総選挙の後に初めて国会の召集があつたときは、内閣は、総辞職をしなければならない。

おばちゃん語訳

なんか事情あって内閣総理大臣がいてはらへんようになったときと、衆議院が選挙したあとはじめて国会にあつまったときは、内閣は全員やめてもらいますさかいな。

ここポイントやで！

「欠ける」って？

69条で内閣総辞職について書いてますけど、さらにあと二つのケースがありますねんけど、とくに問題になるのが総理大臣が「欠けたとき」ですねん。

記憶にあるお人もいらっしゃるかもしれませんけど、2000年4月に小渕首相が首相公邸で倒れはって意識不明になって死去されましたけど、このときに国会では「70条論争」っちゅうのが起こりましてん。結局、回復されへんなぁってことになったので小渕内閣は総辞職したんですけどな。

他にも、総理大臣が議員資格を失ったり、除名されたり、選挙で落選して議席がなくなったときとか、行方不明になったり亡命したときも「欠けた」っちゅうことになりますけど、さすがにそんなことは未だに起こったことはありまへん。

総理大臣が欠けるってことも
ありますねんなぁ

総理大臣のお仕事

［内閣総理大臣の職務］
内閣総理大臣は、内閣を代表して議案を国会に提出し、一般国務及び外交関係について国会に報告し、並びに行政各部を指揮監督する。

おばちゃん語訳

内閣総理大臣っちゅうのは、内閣でとりまとめたモンを代表して国会に出すことと か、国のお仕事とか外国との関係について国会で報告してもらうこととか、官僚のいてはるお役所にいろんな指示したり、監督さんになったりしますねんで。

ここポイントやで！

総理大臣ってナニしてはんの？

総理大臣ってエライ人やねんやろなとは、どんなお人であってもわかってはるかもしれませんねんけど、ほなどんなお仕事してはるんか知ってはりますか？　まず、いろんな法律案が内閣から出されてますねんけど、その代表。それから実はここに「外交関係」が含まれてるのが要注目ですねん。中曽根さんが総理大臣のときに、この「外交関係」に「自衛隊が多国籍軍に参加できる根拠になる」って言いはりましてん。

これ、少数派の意見とされてきましたけど、今後はわかりまへんなぁ。

総理大臣はあっちこっちの監督さんですねんな

内閣のお仕事

〔内閣の職務〕

内閣は、他の一般行政事務の外、左の事務を行ふ。

一　法律を誠実に執行し、国務を総理すること。

二　外交関係を処理すること。

三　条約を締結すること。但し、事前に、時宜によつては事後に、国会の承認を経ることを必要とする。

四　法律の定める基準に従ひ、官吏に関する事務を掌理すること。

五　予算を作成して国会に提出すること。

六　この憲法及び法律の規定を実施するために、政令を制定すること。但し、政令には、特にその法律の委任がある場合を除いては、罰則を設けることができない。

七　大赦、特赦、減刑、刑の執行の免除及び復権を決定すること。

おばちゃん語訳

内閣っちゅうのは、こんな仕事しますねん。

一　法律ちゃあんと守って、国のお仕事しますで。

二　外国とのお付き合いしますで。

三　外国とお約束ごとしますで。それするには、やる前か後に国会で認めてもらわなあきませんで。

四　お役所で働いてる官僚のみなさんが、きっちり法律守ってお仕事してはるか厳しい目でみてまっせ。

五　そろばんはじいて予算つくって、国会に出しまっせ。

六　日本国憲法とか法律に書いてることをやっていくために、政令っちゅうのをつくることができまっせ。せやけど政令っちゅうのは、法律でやってええっていうてへん限りは、罰則について書いたらあきまへんで。

七　既に決まってる刑の期間を減らしたり、なくしたりすることができまっせ。

ここポイントやで！

条約ってナニ？

内閣がやらはるお仕事、ドーンとあげてはりますねん。ここで三号の「条約の締結」がでてきますねん。条約っちゅうのは、国際法のことで、「条約」以外にも「協定」とか「議定書」とか他の名前もありますねんけど、国家と国家のお約束が書いてますわ。例えば二国間のものなら日米安保条約、多数国間なら京都議定書とか女性差別撤廃条約なんかがありますねん。内閣が締結したモンを国会で承認させるのは、条約にも国民の代表者がちゃんと関係してなアカンってことからですわ。他にもいっぱいお仕事ありますけど、内閣っちゅうのも大変ですな。

内閣もやることいっぱいありますねん

ここポイントやで！ まとめてドーン！

さて、ほなら内閣の話をちゃっちゃとしましょか。内閣っちゅうのは、行政権を担当するお話しあいの機関ですわ。内閣のトップは内閣総理大臣（首相）で、14人以内の大臣（閣僚）でつくられてますねん。もし、どうしても必要な場合は、特別にあと3人だけ大臣を増やすことができることになってますわ。総理大臣とその他の大臣たちは、行政事務っていいまして、いうてみたらお役所のトップにたってあれこれ指示したりしますねん。

ほんでこの閣僚たちのお話しあいのことを「閣議」っていいますねん。閣議には、閣僚全員が出席せなあきませんねんけど、このほかに、官房副長官と内閣法制局長官も出てますねんで。この閣議をやってるところは絶対に公開しまへんねんし、その内容も守秘義務がありますねんわ。

内閣っちゅうのは、国会から信任されてないと成り立ちませんねん。ほんで、内閣は行政権を使うってことについて、国会に対して連帯責任を負ってますねん。具体的な話をいいますと、国会議員の質問にこたえなアカンこととかですわ。ほんで、衆議院でこの内閣はもう信用でけへんからやめなはれっていう不信任決議っちゅうのを可決されたりした場合は、内閣はみんなやめなあきませんねん。そのかわりに、内閣からも衆議院を解散させることができますねん。これ、日本は、「議院内閣制」っちゅう制度をとってるからですな。

そうそう、73条で内閣のお仕事の中身が書いてありましたが、ここで一番大事なのは一号の「法律ちゃあんと守って、国のお仕事します」ってことですわ。内閣は実際には、国会でつくった法律をお役所に「誠実に」やらせる立場にありますねん。せやさかい、憲法99条の「憲法尊重擁護の義務」のなかにも、総理大臣と閣僚はあがってるわけですわ。せやから、率先して憲法守ってもらわなあきませんし、法律も守ってもらわなあきませんねん。勝手解釈な憲法論とかやめてもらわな困りますな。

裁判所まとめてドーン！

何かあったら裁判うけられまっせ

［裁判を受ける権利］
何人も、裁判所において裁判を受ける権利を奪はれない。

おばちゃん語訳

どなたはんも、なんぞ困ったことが起きたときには裁判を受ける権利がおまっせ。

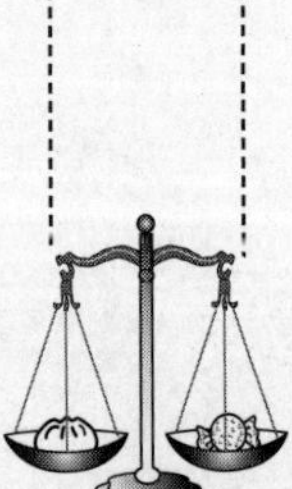

ここポイントやで！

裁判も種類おますねん

どなたはんでも、裁判を受けることは国家によって拒否されませんねん。裁判っちゅうのは、大きく三つにわけることができますねん。私生活でのトラブルは民事訴訟、国や地方公共団体のお仕事をめぐる争いは行政訴訟、刑法に書いてある罪にあたるようなことをやってしもて警察とか検察にお世話になるのが刑事訴訟ですわ。とくに、どんなに極悪非道な犯人でも、裁判を受けてからしか処罰はされまへんねん。ときどき、ドラマみてたり小説読んでたりしてると、民事と刑事がごちゃごちゃになってることありますねんけど、ちゃいますから気つけてくださいな。

どんなに極悪非道な犯人であっても
裁判は受けられますねんで

裁判官の心得

〔司法権・裁判所、特別裁判所の禁止、裁判官の独立〕

1　すべて司法権は、最高裁判所及び法律の定めるところにより設置する下級裁判所に属する。

2　特別裁判所は、これを設置することができない。行政機関は、終審として裁判を行ふことができない。

3　すべて裁判官は、その良心に従ひ独立してその職権を行ひ、この憲法及び法律にのみ拘束される。

おばちゃん語訳

1　司法権っちゅうのは、最高裁判所とその他の裁判所（高等裁判所とか地方裁判所とか）にありまっせ。

2　これ以外の特別の裁判所っちゅうのは、作ったらあきまへん。お役所がやる裁判もありますねんけど、その判断がイヤな場合は最後は裁判所にもっていけまっせ。

3　裁判官にならはるお人はみなさん、自分の良心に従って何モンからも独立してお仕事してや。縛られるのは憲法と法律にだけやで。

ここポイントやで！　特別裁判所ってナニ？

司法権っちゅうのは、裁判所にありますねん。裁判官っちゅうお仕事は、どこからも、誰からも、圧力うけたり、命令受けたりしませんねん。憲法と法律だけにしたがって、裁判しますねん。特別裁判所って何やろか？　って思わはるかもしれませんけど、これは戦前には軍人を裁く軍法会議とか、皇室のもめごとを扱う皇室裁判所なんかがありましてんけど、いまの憲法の下では、特定の人だけを裁く裁判所は14条の「法の下の平等」に反するってことでやりませんねん。

裁判官はどなたさんからも圧力受けませんねんで

法律とかが憲法におうてるか、最後は最高裁判所できめますねん

〔法令審査権と最高裁判所〕
最高裁判所は、一切の法律、命令、規則又は処分が憲法に適合するかしないかを決定する権限を有する終審裁判所である。

おばちゃん語訳

最高裁判所は、日本にあるぜーんぶの法律、命令、規則、ほんで処分っていわれる法律に関わることが憲法におうてるか、憲法に違反してないかどうかを決めることができる最終的な裁判所ですねん。

ここポイントやで！

白か黒か？

最高裁判所っちゅうところは、法律とか、規則とか、判決とかについて、憲法に違反してないかどうかの最後の判断を下すところですねん。これ読んでくれてはる皆さんは、裁判所っちゅうのは白か黒かハッキリつけるところやって思ってはるかもしれませんけど、裁判（刑事裁判以外）っちゅうのはだいたいまずは「和解」っちゅうのをすすめられますねん。これは、当事者同士で話し合いで解決してみたら？ってことなんですわ。それでもうまいこといけへん場合に、白か黒か判断することありますねん。せやけど、あまりにも高度な政治的な話の場合は、最高裁判所とて判断せーへんことがありますねん。これ「統治行為論」っていいますねんけど、例えば自衛隊は合憲か違憲かって真正面からなかなか判断しませんねん。何でも白か黒かではいかへんのが世の常なんですけど、最高裁判所がそれでええの？　司法権の意味あるん？　という批判ももちろんありますねん。

最高裁判所は裁判所のなかで一番エライとこですわ

裁判は誰でも見られるようにするんやで

〔裁判の公開〕

1　裁判の対審及び判決は、公開法廷でこれを行ふ。

2　裁判所が、裁判官の全員一致で、公の秩序又は善良の風俗を害する虞《おそれ》があると決した場合には、対審は、公開しないでこれを行ふことができる。但し、政治犯罪、出版に関する犯罪又はこの憲法第三章で保障する国民の権利が問題となつてゐる事件の対審は、常にこれを公開しなければならない。

おばちゃん語訳

1　裁判ちゅうのは、誰でも見れるようにしとくんでっせ。

2　裁判所が、裁判官のみんなが一致して、公開したらマズイなぁと思う裁判は公開せんでもよろしいで。せやけど、政治とか、出版とかに関係してる犯罪、ほいで憲法第3章の国民の権利に関係してる事件の裁判は、いつでも公開にしとかなあきまへんで。

ここポイントやで!　密室で裁判されたら？

裁判が密室でされたらどないなるか？　考えただけで恐ろしいなぁって思いまへんか？　誰でも見れるようにしてるっちゅうのは、裁く側の裁判官にとっても脅威なわけですわ。言いたい放題言うたりできませんもんな。

そやけど、実際には裁判の傍聴席には限りがありますねん。有名人の裁判なんかで傍聴券を求めて行列作ってはるお人らいてはりますけど、あれは抽選なんですわ。まあそれでも、公開したらマズイ場合は公開しませんねん。例えば性犯罪の被害者が裁判に出てくるときなんかは、かなりの勇気をもって裁判に臨んでますさかいに、隠すってこともしてはります。

誰にも見せたらアカンって判断するときもありますねんで

ここポイントやで！　まとめてドーン！

裁判を受ける権利っちゅうのは、裁判を受けることで人権を救済しようっていう話ですねん。イヤなことされても、泣き寝入りせんでよろしいよっていうことでもありますねん。

裁判には、民事裁判、刑事裁判、行政裁判っちゅうのがありますねんけど、民事裁判っちゅうのはどこぞの谷口さんと田中さんの裁判やったり、谷口さんと○○会社の裁判やったりと、私人間（しにんげんちゃいまっせ、しじんかんって読みますねん）で起こるもめごとのことですわ。

刑事裁判っちゅうのは、警察に逮捕されたりする話で、刑事被告人、略して被告人ってようマスコミでいわれてますな。あ、そうそう、法律では訴えられた人のことを被告っていいますから、民事裁判でも被告っていいますねん。別に悪いことした人っていう意味が入ってるわけちゃいますで。ほんでなんぼ悪いことして法律に違反した被告人であっても、裁判所で裁判受けて、そこで決められた刑罰しか科せられませんねん。

まあせやけど、日本では民事裁判すら、裁判するってハードル高いことですわな。これは、日本は三審制っちゅう制度とってて、しかもめっちゃ複雑な仕組みになってるさかい、お金もぎょうさんかかるし、時間もかかる上に、知識もいるんですわ。お金のない人が使える制度もありますねんけど、それ以前に裁判にまでせーへん人もぎょうさんいてはりますな。

三審制も説明するん難しいんですわ。刑事事件と民事事件でもちょっとちゃいますねん。とはいえ、最初の裁判所（一審）の結果（判決）が気に入らんかったら、もひとつ上の裁判所（二審）に進むことができますねん。二審でも気に入らんかった場合、最終的には最高裁判所がありまっせってことですわ。

裁判所の種類は、最高裁判所がトップで、その下に高等裁判所、地方裁判所、家庭裁判所、簡易裁判所がありますねん。家庭裁判所っちゅうのは、家庭で起こる事件とか少年事件を専門に扱ってますねん。簡易裁判所っちゅうのは、刑事事件、民事事件ともに比較的軽い事件を扱いますねん。自動車のってて、スピード違反で捕まって裁判所に行かなアカン羽目になった人もいてはると思いますけど、そのとき行くのが簡易裁判所ですな。最高裁判所は裁判所の頂点やっちゅうことで、いろんな大切な役割がありますねん。とくに違憲審査権ですけど、これは法律なんかが憲法に違反してないか判断することですわ。

裁判官は、基本的には司法試験に合格した人がなりますねん。わりかし司法試験の成績のええ人がなってるっちゅう噂も聞きますわ。最高裁判所の裁判官は、長官とその他の裁判官14人からなりたってまして、裁判所法っていう法律には「識見の高い、法律の素養のある年齢四十年以上の者」ってしてますねんけど、5人までは必ずしも法律家である必要はありませんねん。みなさんにも、チャンスはあるかもしれまへんな。

最近では、裁判員制度っちゅうどなたさんにも裁判員になる可能性のある制度ができてますけど、お断りする人が多いってことは最高裁の裁判官なんか普通はお引き受けしてもらえへんような気がしますな。

4 章

憲法って誰のモンなん？

憲法を尊重して守らなアカン義務があるのは
誰か知ってはりますか？
国民とちゃいまっせ、権力者ですねんで！
ここんとこ、よう間違えはるけど間違えんといてや。
そんで、その権力者のなかに天皇さんも含まれますねん。

日本国憲法を守らなアカン義務があるのは国民とちゃいまっせ

大学で教えてても、憲法の講演してても、「日本国憲法守らなアカン義務があるのは誰ですか？」って聞くようにしてますねん。そしたら、まあなんと、もののみごとに、ほぼ全員が「日本国民」っていいますねん。いやもう、誰やそんなこと教えたん！　これ読んではるお人のなかで、学校の先生いてはったら特に気つけてください。おたのもうしますで。

この憲法の改正のところとか、最高法規でっせっていう部分ってとっても大事なところなんですけど、習ったことも、読んだことも無いお人が多いですわ。ちょっと前までは注目されることもあんまりなかったんですけど、数年前に自民党の改憲案が出されたあたりから、あらー、なんかちょっと憲法の理念とちゃうんちゃう？　ってことでこのあたりも注目されるようになりましてん。

とくに、憲法は「立憲主義」っちゅう考え方をとってまして、これは憲法っちゅうのは権力者が暴走せーへんように権力者を縛るものである、とか、権力のブレーキである、といわれてる考え方が、ニュースに出てくる言葉になりましてん。それに、憲法を尊重して守らなアカン義務があるのは、国民とちゃいまっせ、権力者でっせというところも、知らんお人が多かったのもこれまたびっくりすることでしたわ。まあ、ここだけの話ですけど、かくいう私も大学入るまで知らんかったんですわ（笑）。

ほんで、その権力者っていうなかに、天皇さんも含まれてはりますねん。天皇さんのことって、触れてはならない話題みたいに思ってしまいますけど、日本国憲法ではどないな扱いをされてはるんか、ちょっとみてみましょ。

ここは、そもそも憲法とは何ぞや、ということを考えるとこですわ。ほな、いってみましょ。

憲法って変えることできますのん？

〔改正の手続、その公布〕

1　この憲法の改正は、各議院の総議員の三分の二以上の賛成で、国会が、これを発議し、国民に提案してその承認を経なければならない。この承認には、特別の国民投票又は国会の定める選挙の際行はれる投票において、その過半数の賛成を必要とする。

2　憲法改正について前項の承認を経たときは、天皇は、国民の名で、この憲法と一体を成すものとして、直ちにこれを公布する。

おばちゃん語訳

1　この憲法かえるときは、衆議院と参議院の両議院ともに、国会議員全員の3分の2以上の賛成があったら、そのあとに憲法かえることについて国民投票してな。国民投票して、半分以上が賛成したら憲法かえられるで。

2　その結果、憲法かえることになったら、天皇さんがお知らせしてくれるで。主権者は国民やから、国民の名前でやってくれはるで。

ここポイントやで！

まずは国会で議論したらよろしいねん

日本国憲法は、できてから一度も改正されてませんねん。みなさんに愛されてるからやっていうことはあるんでしょうけど、改正するのが難しいからやともいわれてますねん。

ちょっと前に、この条文から憲法をかえようとしたお人たちのいたこと覚えてはりますやろか？　憲法を改正するのに必要な国会議員の賛成を、いまの3分の2以上から2分の1以上にしようという案を出してきたお人たちがいてはりますねん。ん？よう考えたら、国会議員全員の2分の1以上、つまり半分以上って与党のことですやん。

与党っちゅうのは、国会議員の過半数のグループで、政権を担うグループでもありますねん。内閣のところで書きましたけど、国会議員から総理大臣選ばれますから、政権与党ともいわれますな。要は、政権を担ってるグループが考えるように憲法変えられるってことですわ。ほんで、これをやろうとしてたお人たちは、憲法は押し付けられて古臭いからサッサと変えなあかんのに、憲法が変えにくいから変えられへんと、わけのわかったようなわからんような話を持ち出してきましてん。

憲法、変えられへんことありませんやん。この規定にのっとって、少数者の意見もちゃあんときいてまずは全国会議員の3分の2の賛成得たらよろしいねん。確かに「硬性憲法」いうて、改正手続きが難しいのはホンマでっせ。難しいなら難しいで、そのために国会で議論したらよろしいねん。何でそこをすっ飛ばそうとしますねんな。憲法は国の根本法であり最高法規ですさかい、安易に変えられるのは望ましいことちゃいますねんけど、変えられますやんか。

権力を持ってるお人たちが、自分らの都合のええように憲法変えようとするために、そもそも憲法を改正するルールを変えようっちゅうのは、サッカーやってて点がはいらへんでイライラするから手も使ってええでって変えるみたいなモンですわ。いやいや、それラグビーやし。もはやサッカーちゃうし、ってことですやん。99条のところに書いてますけど、立憲主義って何のことかちゃあんと考えたら、権力持ってるお人たちが好き勝手にしたらアカンっていうのがようわかりますわな。

憲法はちゃんと変えることできまっせ！

大事なことやからもういっぺん人権って何やろか？

［基本的人権の本質］
この憲法が日本国民に保障する基本的人権は、人類の多年にわたる自由獲得の努力の成果であつて、これらの権利は、過去幾多の試錬に堪へ、現在及び将来の国民に対し、侵すことのできない永久の権利として信託されたものである。

おばちゃん語訳

この憲法が日本国民に保障してる人権っちゅうのは、人類がもうそら気遠くなるような自由を得るための努力のたまものやねん。これらの権利っていうもんは、過去になんべんもなんべんも辛いことあったけどそれにも堪えて、それこそホンマに堪えがたきを堪えていまの私らとか、将来の世代の人らに対して、絶対に守らなアカンもんとして永久に信じて託された大事なもんやねんで。

ここポイントやで！　絶え間ない努力をせんといかん

「基本的人権」、前文とか11条とかにもありましたけど、また出てきましたなぁ。そないになんべんもいうってことは、この憲法の中でホンマに大事なことやってことがようわかります。

「権利の上に眠る者は保護に値しない」という法の世界のことわざがありますねん。基本的人権が保障されてるからいうて、その上で眠りこけてたらあきまへんねん。これが大事やとなんべんも憲法がいうてますけど、私らも絶え間ない努力を普段からせなあきませんねん。それくらい、簡単に攻撃されるもんやっちゅうことですわ。

大事なことはなんべんでもいうとくで、人権ってホンマに大事やねんで！

日本で一番エライ法はなんでしょ？

［最高法規、条約及び国際法規の遵守］

1　この憲法は、国の最高法規であつて、その条規に反する法律、命令、詔勅及び国務に関するその他の行為の全部又は一部は、その効力を有しない。

2　日本国が締結した条約及び確立された国際法規は、これを誠実に遵守することを必要とする。

おばちゃん語訳

1　日本国憲法は、日本にある法（ルール）のなかで一番上、最高の法なわけですわ。

せやさかい、憲法と矛盾するような法律とか、憲法に逆らうようなことを国がしたりしたら、それぜーんぶ無効ですから、気つけなはれや。

2　日本がよその国と交わしたお約束は、誠実に守らなあきまへん。

ここポイントやで！　総理大臣がルール変えるのはアカン！

憲法は、日本にあるあらゆる法の頂点にあって、これに違反する法律は無効やって宣言してますねん。これ、総理大臣なんかが憲法を無視してルール変えたり、憲法なんか関係ないわっていうて独裁的に政治したりせんと、あくまで法が国を支配してる（法治国家）っていうことですねん。

ふたつめは、国際法も大事でっせっていうてますねん。国際法って馴染みないかもしれまへんねんけど、二国間条約で有名なんは日米安全保障条約、多数国間で決められてるので有名なんは京都議定書とかですな。グローバル化がすすんで、国際社会の一員としても名誉ある地位でいたい日本としては、国際社会のルールとして決められてる国際法はこれまた大事なんですわ。

そうそう、この条文が注目されたんって、２０１２年の衆議院選挙のときの一票の格差の問題のときですわ。最大２・43倍となった一票の格差に、各地の高等裁判所が「違憲で無効や」とか、「違憲状態にある」って判決出しましてん。問題は、憲法は最高法規やのに、それに違反してるっていわれてる衆議院選挙で選ばれた衆議院議員が法律つくったり、憲法改正しようとするのって、何か変ですわな。

憲法が自分で「わたしが国の最高のルール」言うてまっせ！

憲法を大切にして守る義務があるのんだあれ？

〔憲法尊重擁護の義務〕
天皇又は摂政及び国務大臣、国会議員、裁判官その他の公務員は、この憲法を尊重し擁護する義務を負ふ。

おばちゃん語訳

この憲法を大切にして守っていかなアカンのは、「天皇」、「摂政」、「国務大臣」、「国会議員」、「裁判官」、「公務員」でっせ。

ここポイントやで！

努力サボったらあきまへんで

立憲主義。さいきん、にわかにこの言葉がニュースに出てくるようになりましたな。「りっけんしゅぎ」。字みても音きいても、何や難しそうですやんな。立憲主義っちゅうのは、ここに出てくる人たちは「権力者」と認定したうえで、この人たちが権力つかって好き勝手なんでもかんでもやりたい放題でけへんように、暴走させへんように憲法でこの人たちとか権力を縛るっていうもんですねん。

さて、これのどこに「国民」って出てきますやろ？　どこにも出てきませんやろ。国民は12条に書いてたみたいに、憲法が保障している自由と権利は「不断の努力（普段の努力）」によって保持していかなあきまへんで、努力サボったらあきまへんでってことですねん。守る義務があるっていうのとは、ちょっと意味ちゃいますやろ？

ちょっと前に、与党のある政治家が「憲法があるから、動きがとりにくい」っちゅうようなニュアンスのこと言うてましてんけど、ああ憲法がちゃんと作用しててよかったわぁって思いましたよ。

権力者をしばるためにあるのが憲法でっせ！

天皇さんのこと

順番どおりに書いたら、憲法の第1章は「天皇」ってなってますねん。せやから、第1章に「天皇」ってする方が良かったんかもしれへんのですけれど、最後にしてみましてん。というのも、やっぱり99条で出てきはる天皇さんのことを書かへんかったらあかんやろなと思ってましてん。はじめに、法っちゅうのは大切なことがはじめのほうに書いてあるって言いましたけど、ほな日本国憲法で一番大切なんは天皇さんなん？　っていう疑問わくんちゃいますか？　これはそういうことやなくて、日本国憲法っちゅうのは世界的にみても珍しいんですけど、革命とか起きたわけでもなく、大日本帝国憲法を完全に棄てて新しいモンを作ったんでもなく、大日本帝国憲法の「改正」っちゅう形でできあがりましてん。せやさかい、実は日本国憲法と大日本帝国憲法の並びは同じですねん。というわけで、そのまま第1章が「天皇」になってますねんわ。

99条に、憲法を大切にして守る義務があるっていう人が書いてますけれど、その筆頭が天皇さんのわけですわ。次に摂政って書いてる。摂政って聖徳太子さんかいな、って思わはる人もいてはるかもしれませんけど、憲法にも5条に「摂政」って項目ありますねん。ありますねんけど、いまの憲法になってからは摂政がおかれたことはありまへん。摂政というのは天皇さんが一時的に国のお仕事できはらへんときに、代わりにお仕事する人のことなんですけど、いまは皇太子さんが「国事行為臨時代行」としてやってはりますわ。

さて、天皇さんはいまの憲法ではどないな存在かといいますと、まず1条に書いてますねん。2条には、どんなお人が天皇さんになることができるか、3条には天皇さんがやらはる国のお仕事の責任は誰がとるんか、4条は天皇さんというお仕事の限界はどこにあるのか、5条には摂政のこと、6条は天皇さんが直接任命するお人のこと、ほんで7条には天皇さんが国のお仕事としてやらはることは具体的に何かって書いてますねん。ちょっとざっくり見てみましょ。

1条

天皇さんは象徴ですねん・国民に主権ありますねん

［天皇の地位・国民主権］

天皇は、日本国の象徴であり日本国民統合の象徴であつて、この地位は、主権の存する日本国民の総意に基く。

おばちゃん語訳

天皇さんは、日本の象徴、言うてみたらシンボルです。この地位は、主権がある日本国民みんなの気持ちからなりたってますねんで。

2条

天皇さんはどなたさんがなれますねん？

［皇位の継承］

皇位は、世襲のものであつて、国会の議決した皇室典範の定めるところにより、これを継承する。

おばちゃん語訳

天皇さんは、世襲でやってもらうわけで親から子へ継いでもらいますねんけど、継ぎかたとかは皇室典範っちゅう法律で定めますな。

3条

天皇さんのお仕事は内閣が責任とりますねん

〔天皇の国事行為に対する内閣の助言と承認〕
天皇の国事に関するすべての行為には、内閣の助言と承認を必要とし、内閣が、その責任を負ふ。

おばちゃん語訳

天皇さんがやらはる国のお仕事は全部、内閣のアドバイスとやってええって言うてもらうことが必要ですねん。せやさかい、内閣がそのお仕事の責任負いますねんで。

天皇さんは政治に関わったらあきませんねん

4条

〔天皇の権能の限界、天皇の国事行為の委任〕

1 天皇は、この憲法の定める国事に関する行為のみを行ひ、国政に関する権能を有しない。

2 天皇は、法律の定めるところにより、その国事に関する行為を委任することができる。

おばちゃん語訳

1　天皇さんがやらはる国のお仕事は、この憲法に書いてあることだけで政治に関わることはできまへんねん。

2　天皇さんは、法律にしたがって、国のお仕事を他の人に頼むこともできまっせ。

5条

摂政さんって知ってはる？

〔摂政〕
皇室典範の定めるところにより摂政を置くときは、摂政は、天皇の名でその国事に関する行為を行ふ。この場合には、前条第一項の規定を準用する。

おばちゃん語訳

皇室典範に書いてある通りにどなたはんかに摂政さんになってもらうときには、摂政さんは天皇さんのお名前で国のお仕事してもらいますわな。このときには、憲法4条の1項に書いてあることにしたがってもらうようにしましょな。

6条

天皇さんのお仕事

[天皇の任命権]

1　天皇は、国会の指名に基いて、内閣総理大臣を任命する。

2　天皇は、内閣の指名に基いて、最高裁判所の長たる裁判官を任命する。

おばちゃん語訳

1　天皇さんには、国会が指名した人を、内閣総理大臣に任命してもらいますな。

2　天皇さんには、内閣が指名した人を、最高裁判所のいちばんえらい長官に任命してもらいますな。

7条

天皇さんがやらはるお国のお仕事

〔天皇の国事行為〕
天皇は、内閣の助言と承認により、国民のために、左の国事に関する行為を行ふ。
一　憲法改正、法律、政令及び条約を公布すること。
二　国会を召集すること。

三　衆議院を解散すること。

四　国会議員の総選挙の施行を公示すること。

五　国務大臣及び法律の定めるその他の官吏の任免並びに全権委任状及び大使及び公使の信任状を認証すること。

六　大赦、特赦、減刑、刑の執行の免除及び復権を認証すること。

七　栄典を授与すること。

八　批准書及び法律の定めるその他の外交文書を認証すること。

九　外国の大使及び公使を接受すること。

十　儀式を行ふこと。

おばちゃん語訳

天皇さんには、内閣のアドバイスとやってええって言われたことについて、国民のために次の国のお仕事をしてもらいますねん。

一　憲法の改正、新しい法律、政令と外国とのお約束の条約をお知らせすること。

二　国会を開くために国会議員を呼ぶこと。

三　衆議院を解散すること。

四　国会議員を選ぶための総選挙をするってお知らせすること。

五　大臣とか、法律で書いてある公務員にお仕事任せること、お仕事辞めてもらうこと、その人に全部の権限を与えてますでっていう証明書をわたすこと、外国に行ってもらう大使とか公使がこの人で間違いないでっせという紹介状をわたすこと。

六　罰を与えられておつとめしてはる人の罰を軽くしたり、刑がおこなわれることを止めさせたり、権利を回復することを認めてもらいますねん。

七　すごい人をほめてつかわすこと。

八　外国とのお約束の条約をかわしましたでという書類とか、そのほかの外国とのおつきあいで書いてあることを認めてもらうこと。

九　外国から来てくれはる大使とか公使のご接待。

十　いろんな儀式やってもらいまっさ。

ざっくり天皇さんのことみてもらいましたけれど、はてさて、天皇さんって大変やなぁと思いまへんか？　私なんかなることないですけれど、日本でもしかしたら一番人権のない存在が天皇さんかもしれまへんで。

天皇さんかて、ほんまに今のお仕事したいかどうかもわからへんけど、こうやって憲法で世襲って書かれてるから継がなあかんし、皇族のみなさんかてワイドショーのネタにされてて気の毒やなぁと思うんですわ。

子どもを産むか産まへんかは、憲法では13条のなかの自己決定権の話でそれぞれが決めることとって言われてますけど、皇位を継いでもらうためのお世継ぎを産んでもらいたい女のお人には、そんな権利ありまへんわな。

自分らのところでは大事や大事や言うてる人権も、天皇さんとか皇族のお人たちには無い、あのお人たちは私らとは違うねんからそういうことナンボ言うてもええって思ってるってことですわな。清廉潔白でないとアカン存在やさかい、たぶんタバコとか吸ってたり、酔っぱらったりしてる画像とか出たらものすごい叩かれはるんやろなと思うと、そりゃあもう大変やなって思うわけですわ。どんなに自分にとってイヤなことでネタにされはっても、笑っているお顔しか映りませんもんなぁ。井戸端会議なんかもすることでけへんっちゅうのは、近所のお人たちとかお友だちとも気楽にしゃべられへんってことですしなぁ。考えただけで、私なんかは息詰まりそうになりますわ。あと、皇室典範の1条には、天皇さんっていうのは男の家系にいてる男子が継ぐって書いてますねん。天皇さんの息子はん、まあ普通に考えたら皇太子さんしか天皇さんになれませんねん。せやけど、お父さんの血を引いてる男子ならまあええわってことやったんですけど、そもそも何で女子やったらアカンのかっていうことが「伝統」の一言で片づけられてええんかって問題は残ってますねん。新しい人権は認めなアカンっていうので憲法改正した方がええっていう人らも、ここはお茶濁してはるわけなんですわ。

もっというたら、天皇制自体に問題感じてはる人もそこそこいてはるわけやから、天皇制っていう問題はそれ自体がタブーですねんな。難しい問題やけど、考えなアカン問題ではあると思いますわ。

で、その問題考えるときに、当事者がこれだけ蚊帳の外におかれて考えられる問題も珍しいってことにも気がつかなあきまへんな。政治的な発言したらアカンって定められてるから、「尊重擁護の義務」は課せられてても、自分らがどう生きるかも発言でけへんって、やっぱりちょっと変とちゃいますかな？

天皇さんも大変ですなぁ

おまけの章

そもそも憲法ってどうやってできたん？

あ、おばちゃん、肝心なこと言うの忘れとったわ！
じつはいまの憲法ができるきっかけは
ポツダム宣言にまでさかのぼりますねんで。
「アメリカの押しつけや！」って言わはる方も
いてはりますけど、ホンマはどないなんでっしゃろな？

そもそも憲法ってどうやってできたん？

いまの日本国憲法っていうのは、世界的に見ても実は珍しいできかたをしてますねん。その前の大日本帝国憲法の「改正」っていうことでできてますねん。まったく内容が違うモンが、「改正」っていうのはちょっとけったいですさかいに、このなりたちは「特殊や」っていわれてますねん。

よその国で、君主とか独裁とかやなくて市民の手によって憲法がつくられたときっていうのは、市民革命ってのがありましてんわ。日本にはそもそも市民革命がおこってない状態で、第二次世界大戦後、連合国軍総司令部（ＧＨＱ）の顔色をうかがって作り出されたことはその通りですな。そのときの政府も国民も、憲法っていうのは何や、何で必要やねんということをちゃんと理解せーへんままにできあがってしもたっちゅうのは否定できまへん。せやさかいに、「押し付け憲法や」っていうお人らも出てくるんですけど、まあ話はそないに単純なことでもおまへんねんわ。せやけど、いまの憲法は「押し付けや！」と言い切る人がいてますねんけど、ちゃんと憲法の成立史よみはったんやろか？　と不思議になりますねん。その時代でも、民間の「憲法研究会」なんかが出してきた憲法草案とか、その他の民間の憲法の案なんかも、いまの憲法つくるときに参照されたって明らかになってますねん。

ＧＨＱ、つまりアメリカさんから一方的に押し付けられたんやったら、アメリカ色がもっと強いはずでしょ？　当時、アメリカはもう、ソ連と東西冷戦状態に入ってましたから、民主主義や！　というアメリカさんと、社会主義のソ連さんは仲悪かったわけですわ。せやさかい、いわゆる社会権っていわれるやつは、社会主義の考え方から出てきてる権利でもあるわけですから、25条なんかに書いてる生活保護なんかはアメリカさんとしては自分らからは出してきはらへん権利やったんですわ。それが、日本国憲法の審議をする帝国議会で日本の議員が提案して入ったっちゅうわけです。

ほんで、誰が誰に押し付けたかを明らかにするってことに重きをおきすぎて、つまり一種の犯人さがしを一生懸命してるお人らもいてはりますねんけど、もうね、もはや戦後70年以上この憲法で来てて、まったく日本になじんでへんねんやったらそれこそ国民の意思でとっくに改正もしてたんちゃうん？　って思いまへんやろか？　改正の機会はずっとあったわけですし、朝鮮戦争の時に警察予備隊（いまの自衛隊）をつくるときには、そのＧＨＱから「憲法改正してえーで」って言われてたわけですさかいなぁ。何でも都合のええとこだけ切り取って断定したらあきまへんわな。

ポツダム宣言にさかのぼって見てみましょ

もうちょっと話しますとな、なんでそもそも日本で憲法つくるのにＧＨＱとか出てくるねんっていう話、これも誰でも知ってると思ったら大間違いで、知らん人もいてますねんで。第二次世界大戦のとき、日本はドイツとイタリアと日独伊三国同盟っちゅうのを組んで枢軸国ともいわれてましてんけど、戦争してた相手はアメリカとかの連合国ですわ。そうそう、連合国ってUnited Nationsって書きますねんけど、いまこの言葉は日本語では国際連合（国連）っていいますな。そうですねん、国連っちゅうのは、連合国がつくったモンなんですわ。せやさかい、その連合国の中心メンバーが、国連安全保障理事会の常任理事国っちゅうて、拒否権もってる国ですな。アメリカ、ロシア（旧ソ連）、イギリス、フランス、中国（旧中華民国）、ですわ。ちなみにまだ、国連憲章には旧敵国条項っちゅうのがあって、連合国の昔の敵である日本はまだ旧敵国のままですねん。これは、日本とかドイツとかイタリアとかが、よそさんの国を侵略するような行動したり、国際秩序の現状を破壊するんちゃう？って思われたら、国連に入ってる国々は安保理すっとばして独自の軍事行動を旧敵国に対してとれますねん。

1945年（昭和20年）、3月には大阪でも東京でも大空襲があって、6月にはひめゆりの塔で知られる沖縄での悲劇があり、7月26日には連合国から日本の降伏条件を書いたポツダム宣言っちゅうのが発表されましてん。このポツダム宣言は、大日本帝国憲法を否定する内容でしてんわ。ポツダム宣言も、戦後の日本を考えたり、日本国憲法をちゃんとよむ上で大事なモンですから、よかったらまた調べて読んでもらったらとおもいます。例えばポツダム宣言の10項は民主主義と基本的人権が大事やで、12項は平和的な政府つくって責任ある政治してやって書いてますねん。それを受けて13項は、「もしこのポツダム宣言受けいれへんかったら、いますぐに徹底的に叩き潰すで」って書いてますねん。これ、脅しと違いましてん。歴史に「もし」っちゅう話はないですけど、ちゃっちゃとポツダム宣言を受け入れてたら広島（8月6日）と長崎（8月9日）に原爆が落とされることはなかったですし、シベリア抑留（8月8日にソ連が参戦）もなかったですわな。

ほな、なんでちゃっちゃと受け入れへんかったかっていうたら、「国体の護持」ですわ。国体いうても国民体育大会やおまへんで。そのときの国体っちゅうたら、大日本帝国憲法のもとで主権者で、なおかつ神さんやった天皇さんのことですわ。せやから、降伏したら当時は現人神《あらひとがみ》っていうてた、この世に姿をあらわしてはる神さんである天皇さんはどないなるんやろ？　ってそのときの政府のお人らがオロオロしはったんですな。国民がどうなるかやなくて、天皇さんが怖い目にあえへんやろかとオロオロしはったことは間違いないんですわ。

せやさかい、いまに続く天皇制を廃止したほうがええっていうお人らのなかには、戦争が天皇さんの名前ではじまったこと、はよポツダム宣言受けてくれてはったら、なくさんでええ命もいっぱいあったのに、というようなことがあったりしますねんわ。

軍部の反対を押し切って、天皇さんに近い中枢部が8月14日にポツダム宣言を受けることを決めましてん。15日の終戦の時の玉音放送で天皇さんが「朕はここに国体を護持しえ」たって言うてはることからも、まだ国体の護持は大事やってんなぁってわかりますわ。

日本の作った草案はこんなでしてん

そのあとに、日本は17日に東久邇宮内閣っちゅうのが誕生しまして、政府は「一億総懺悔」ってことで、みーんなが悪かってんと戦争責任はあいまいにしてしもたんですわ。ほんで、28日にはあらためて「国体の護持は皇国の最後の一線」やっちゅうて、大日本帝国憲法を改正するなんて必要ないやろって思てましてん。ところがそのあと、戦前に政治犯やっちゅうて逮捕されてた三木清さんっていうお人が、戦争終わったのに牢屋から出してもらえることなく、牢屋の中で亡くなりはりましてん。それを外国の記者さんがスクープしはりましてな、おいおい、日本政府ポツダム宣言守ってへんがなってバレましてん。ほんでさすがにGHQ最高司令官のマッカーサーさんが、GHQ指令っちゅうのを出して、オマエらちゃんとポツダム宣言守らんかい！　治安維持法廃止せー、政治犯すぐに釈放せー、特高警察廃止せーって命じたわけですわ。ほんで、東久邇宮内閣はみんなやめはりましてん。

それからいうたら、マッカーサーさんは日本政府に大日本帝国憲法改正するようにいうたんで、政府のなかに憲法問題調査委員会っちゅうのができて、委員長に松本烝治さんがならはりましてんわ。まあせやけど、マッカーサーさんに言われたものの、なんとなくのらりくらりとしてたんですけど、国内外からちゃっちゃと動かんかいなって言われてようやく12月になって松本四原則っていわれるのを帝国議会に出したんですわ。まあしかし、これは天皇さんの扱いは神さんではないけど、大日本帝国憲法の扱いと同じやったり、ほとんど変更ありませんでしてん。ほかの委員会もできたりして、いろんな草案ができてきましてんけど、一連の動きを1946年の2月1日に毎日新聞がすっぱ抜きましてん。天皇さんの扱い、大日本帝国憲法とホンマに変更ありませんでしてんわ。国民もびっくりしましたけど、マッカーサーさんも椅子からひっくり返ったんちゃいますかね。

ほんで、民政局案がもとになりましてんわ

こらアカンわってことで、その日のうちにホイットニーさんいう民政局長よびだして、日本側のつくる憲法草案ナメとんのかって言うて来いってなったわけですわ。こ

の頃、ちょうど連合国の中では、日本に対して強硬論が相次いでいて、マッカーサーさんも焦ったんですなぁ。ほんで2月3日にマッカーサー三原則っちゅうのを出して、ホイットニーさんが二十数名の民政局員集めて、新憲法草案を内密に進めだしたんですな。このなかに、通訳もしてはって女性の権利を書いたベアテ・シロタさんがいてはったことも有名な話ですねん。

この民政局がつくった案をマッカーサーさんも承認して、日本側にわたしたのは2月13日のことですねん。ここには、いまの日本国憲法のもとになるようなことが書かれてて、とくに天皇さんに関しては元首としつつもいまの憲法に書いてあるようなことが書いてましてんわ。これを日本側、吉田茂さんが外務大臣、松本烝治さんが国務大臣、ほんで前にドラマにもなった白洲次郎さんが終戦連絡事務局の参与として受け取りましてん。ホイットニーさんは、命令やのうて勧告やから日本は強制はされへんで、とは言いはったみたいですけど、日本側からしたら「革命的要求」やってことでたぶん顎もはずれそうになってたでしょうし、ともかくビックリして閣議にもようださんかったんですわ。まあ、ともかくその後もうにゃうにゃあるんですけどちょっと省いて、日本側はＧＨＱ案に従うことに決めたんですわ。

そのあと、3月4日から、GHQ側と日本側で徹夜でGHQ案の検討をやったんですけど、松本さんは天皇さんのところで激論になって頭にきて途中で出ていかはりましてん。せやから、最後までGHQとの折衝にあたりはったんは、法制局第一部長の佐藤達夫さんだけですねん。気の毒な話ですわな。で、ともかくもうモタモタしてる時間はなかったんで、3月6日に公表して、準備作業はおわりましてん。最後は、帝国議会の議論を経て、11月3日に日本国憲法が公布されて、実際に使われだしたんは1947年の5月3日ですわ。

「押し付け」かどうかを話す前に、何でそもそも自分らで作れっていわれた憲法が受け入れられへんかったかってこと考えなあきまへんわな。大日本帝国憲法のもとで戦争して、日本は負けましてん。民主主義がちゃんとできるような憲法つくれっていわれて、大日本帝国憲法と変わらへんモンを出し続けてたら、そらアカンっていわれますわな。

おわりに

憲法さんって70年連れ添った夫婦みたいなモン？

大阪のおばちゃんが憲法教えたらどないなるか、という、ものすごいチャレンジを文藝春秋さんがされたこと、どエライことやなぁと自分のことながらビックリしてます。ホンマ、最初にこのお話を編集の衣川理花さんが持ってきはったとき、ドッキリカメラ仕込んではるんちゃうかって思いましたもん。何かのギャグちゃうかって。そんな本売れるわけないですやんって言うたんですけど、もの静かな都会の洗練されたお姉さんが静かな喫茶店で「絶対ウケます！　売れます！」と太鼓判を押してくれはったので、ここまできたんです。

売れへんかったら衣川さんの社内での立場も危なくなるので、これ本屋さんで手にとって読んではるそこのアナタ！　人助けやと思ってレジまで行ってそっと買ってくれまへんやろか？　この本から声がきこえまへんやろか？「私を家につれてって」って。空耳きこえるようになったら危ないですけど、これに関しては幻聴ちゃいますから、よろしゅうおたのもうします。

私にしたら、普段教えてるような口調で、普段教えてるようなことを書いただけですさかいに、そないに難しいことしたわけとちゃいますねん。これが世の中でウケるとしたら、世の中がホンマに変化したってことやと思いますわ。まあ、そやけど、おばちゃんが井戸端会議で憲法を語る時代が日本にも来るのか（も）と思うと、ウキウキしますけどな。

「はじめに」でも書きましたけど、大学で法律教えるようになって10年くらいになりますねんけど、この数年で教える内容にすごい変化がありましてん。とくに、憲法改正のこと、立憲主義に手間ひまをかけるようになったこと、最高裁判所の「違憲判決」はほとんど出ませんと教えていたのが出るようになってきたこと、これらのことってホンマにこの数年のことですねん。受講する学生さんにも、何やいま話題の憲法って何やねんってことで、聞く姿勢にちょっと変化でたように思いますわ。毎週毎週、時事ネタから憲法しゃべるにも、ネタに困らへんようになってきましてん。ここ数年、「アンタらこの時期に憲法勉強できるなんて、ものすごいラッキーやでぇ」と言い続けてますが、このラッキーバブルはまだまだ収まりそうにありませんな。それが社会にとって、ラッキーなんかアンラッキーなんか、それはわかりまへんけどな。

　まあせやけど、ゲームするにもスポーツするにもルールっちゅうのがあるわけですわ。それは、ルールがなかったらゲームとかスポーツそのものが成り立ちませんねん。社会も同じで、ルール（法）があることによって、円滑にすすむようにということから法がありますねん。せやけどそれは、人々の人権を侵害するような法があったらアカンのですわ。とくに、権力をもってしもたら人っちゅうのはその権力を使うことが当たり前になるさかいに、そうさせへんために、憲法は権力のブレーキになる役目もありますねん。あるときは皆さんの人権を守り、あるときは平和を守り、あるときは国の主役はそこに住む人々やってことを確認させて、あるときは権力者にブレーキをかける、それが憲法ですねん。古臭いのなんのいわれても、いまの憲法はできてから70年近くたちますけど、そうやって頑張ってきはったんですわ。

　もちろん、憲法だけが頑張ったわけやなくて、そうしたのは日本に住む皆さんがそれを願ったからですわな。とは言うても、実際のところ憲法の中身を知らんお人が多すぎるなぁっちゅうのが私の印象ですねん。今の憲法がええねんやったら、９条以外にもええとこ言うてほしいし、いまの憲法がアカンっていうねんやったら古臭いとか押し付けとかそんなこと以外のこと言うて欲しいわけですわ。古臭いことが問題やねんやったら、大日本帝国憲法下でできた民法とか刑法かえるのが先やろしね。押し付けもホンマに押し付けかどうか語れるくらい日本国憲法成立史わかって言うてるんやったらまだしも、そんなお人ほとんどいてはりませんもん。

中身のわからんお人と結婚できませんやろ？　そんなお人と70年近く過ごしてきたわけですわ。歳いったからええとか悪いとかいうのは、70年という歳月をまったく無視してますな。ほんで、ようまあそんな状況で70年近く暮らしてきましたな。

まずは、一緒に暮らしていかなあかん憲法さんのこと、もうちょっと知ってあげてほしいんです。ないがしろにせんと、もっと知ってあげてほしいんですわ。前文とたったの103条しかありませんねん。いっぺんちゃんと読んでみてあげておくれやす。

最後に、お礼を申し上げさせてください。まず、よくもまあこんな本を出す決断をされた大手なのにチャレンジングな文藝春秋さんに。文春の衣川理花さん、三桂の龍田耕一さん、小野寺美穂さんには、時に睨まれつつもホメ殺ししてもらいながら伴走してもろたからできあがりました。装丁をご担当くださった文春の関口信介さん、ワーキングマザーでお子さんの保育園のお迎えを気にしながらがんばってくださったオフィスキントンの加藤愛子さん、緻密でツッコミをたくさんいれてくださった校正をご担当いただいた志村泰孝さん、下山健次さん、イラストを担当してくださった私の特徴をとらえてはなさないヒロキテルミさん、文春でこの本の宣伝を担当してくださる香田直子さん、営業部の浅間裕美さん、皆さまがいらっしゃらなかったらこの本はこんな素敵になりませんでした。印刷所の光邦さん、加藤製本さん、もろもろご迷惑をおかけしました。友人や全日本おばちゃん党のお仲間にはいつも勇気をもらっています。わがまま勝手な私を全力で支えてくれている両親、遠く離れた地にいても多分応援してくれているであろう夫、そしてさまざまなアイデアとパワーをいつもくれる子どもたち。そして、この本をご自分にあう、あわないにかかわらず最後まで読む労をとってくださったすべてのみなさま。

ホンマにおおきに。

2014年　天高く馬も私も肥ゆる秋に

谷口真由美

文庫版あとがき

ヒョウ柄のおばちゃんの本として、たくさんの方の手に取っていただきました『日本国憲法大阪おばちゃん語訳』が世に出たとき、「ホンマにこんな本売れるんやろか？」という不安がありましてん。その理由にはいくつかあるんです。まず、一応法学者のはしくれなのに、ちょっとふざけた感じに思えるかもしれないこんな憲法の本が世間に受け入れられるんやろか？　そして何より、ホンマにまったく売れへんかったら、担当編集の衣川理花さんがクビになるんちゃうやろか？　と。

そしたら、なんとこのたび、その衣川さんから、文庫本にしませんか？　と。エイプリルフールにはちょっと早いで、という信じられないようなご連絡を頂いたんですわ。ホンマかいな？　こんな本が売れたらビックリですわ、と数年前に書いたことを思い出しながらも、たくさんの方に愛された結果、このたび本当に文庫本になりました。手に取ってくださったみなさま、おおきに！

さて、ヒョウ柄おばちゃん語訳が出版されてからの数年に、憲法をめぐる社会の状況はまた少し変化がありましたなぁ。大きなものでいいますと、２０１５年9月に、いわゆる安保法制が成立しました。いまさらですが、これは新しくできた「国際平和支援法」と、自衛隊法改正など10の法律の改正案をひとつにまとめたものから成り立ってますねん。ここで一番問題となり、また話題となったのは、集団的自衛権を認めたことです。この本の中にも、個別的自衛権と集団的自衛権のそれぞれの意味や違いも書いてますねんけど、歴代内閣は集団的自衛権は否定してきましてん。

その、集団的自衛権を認めたことは、そもそも憲法に照らし合わせてみてみたら、論理が破綻してるということをたくさんの憲法学者が主張しはりましてんけど、そんなことには耳を傾ける様子もなく、また、国会前で多くのみなさんがデモをしはったことも顧みられることもなく、10もの法案を一括で、一つあたりの審議時間でいえばものすごく短い時間しか審議せず、多数派の論理で通されたという印象がありますねん。大切なことなら、時間かけて審議もやらんとアカンと思うんですが、よっぽど急いでいた事情でもあったのかもしれませんが、とても強引な感じがしました。

自衛隊が集団的自衛権という武力を行使するには、「存立危機事態」というものが必要とされるのですが、「我が国と密接な関係にある他国に対する武力攻撃が発生し、これにより我が国の存立が脅かされ、国民の生命、自由及び幸福追求の権利が根底から覆される明白な危険があること」(2015年5月14日内閣府「平和安全法制等の整備について」の資料)という定義がなされています。おばちゃん風にいえば、「日本とめっちゃ仲良しの国に対して誰かから武力攻撃があったことによって、日本の存在してられへんようになるくらい怖いことになって、私らのいのち、自由、幸せを求める権利が根っこからなくなってしまうような明らかな危険があること」ってことですねんけど、せやからといって、私らの国の憲法は、いま武力行使は認められてませんのに、自分の国のことだけでなくて、仲良しの国が攻撃されたら助けに行くということ、美談やなぁではなくて、よう考えてもらいたいとこです。憲法改正したらできるかもしれませんけど、何のために憲法があるのか、憲法にのっとって政治するってことになってるのに、政治が憲法無視したらどうしたらええのか。このあたり、この本を読んでもう一度考えてもらいたいんですわ。お願いします。

それから、大きなことといえば、天皇さんのことですねぇ。2016年の夏に「おことば」というのを発表しはりました。これを発表しはったあと、私の周りの多くの人たちから、「天皇さんもご高齢やから、もうやめさせてあげへんかったら気の毒やわぁ」という声がたくさんきこえてきました。もちろん、そんな意味も込められてましたけど、それより「象徴天皇制」について、ご自身がどんな風に考えてきはったかということをたくさん述べられてました。

象徴天皇制って何？　ってきかれたら、答えられへん人がほとんどやと思います。めっちゃ難しいんです。それをおひとり、ずっとどうやってその役目を果たしてきたらええんやろかと苦悩されてきはったんやなぁと、改めて感じる出来事でした。天皇さんや皇族のみなさんの人権とか、象徴とか、ちょっとみなさんおひとりおひとりも考えてみていただきたいんです。何でかって？　だって、憲法第1条には「主権の存する日本国民の総意に基」いて、象徴天皇制があるって書いてますねんもん。国民の総意ってことは、みなさんにも責任があるんですよ、象徴天皇制。

また、沖縄の問題も避けては通られへん問題です。２０１９年2月末に、世界一危険やといわれている普天間基地の代替基地として、辺野古に移設することについてどう思うかという県民投票が行われて、辺野古移設について反対が多数となりました。

沖縄県知事選では、辺野古基地建設に反対した翁長知事、玉城知事が続けて選ばれてきましたが、今回は一つの争点にしぼってのことでした。日本国憲法では地方自治が認められています。沖縄のみなさんが出したこの結果を、ほかの46都道府県のみなさんはどう受け止めて、どう動くか、それはほかの46都道府県に住んでいるみなさんにこそ問われていることですねんで。

最後に、今回の文庫版を出版するにあたり、ご尽力いただきましたみなさまに感謝申し上げます。「サンデーモーニング」に出演する私を見て今回の文庫化を決断してくださった文春文庫編集長の花田朋子さん、装丁とデザインを担当してくださったオフィスキントンの加藤愛子さん、校正を担当くださった藤田富子さん、木並史年さん、イラストを描いてくださったヒロキテルミさん、営業部の大倉まゆみさん、励ましてくださった文春の浅間裕美さん、三桂の花澤太朗さん、変わらずおつきあいくださっている小野寺美穂さん。みなさまのおかげで、かわいらしい素敵な文庫になりました。印刷所の萩原印刷さん、製本所の加藤製本さん、またもやご迷惑をおかけしました。いつもパワーを与えてくれる友人や全日本おばちゃん党のお仲間、家族。そして、すべてのみなさまに。

ホンマおおきに。

2019年2月末 県民投票直後の沖縄にて

谷口真由美

単行本　２０１４年12月　文藝春秋刊
装丁・デザイン　オフィスキントン
イラスト　ヒロキテルミ

＊　文庫化にあたり、単行本当時から改正された法律についての記述に修正を加えました。

文春文庫

日本国憲法《にほんこくけんぽう》 大阪《おおさか》おばちゃん語訳《ごやく》

定価はカバーに
表示してあります

2019年4月10日　第1刷
2022年12月5日　第3刷

著　者　谷口《たにぐち》真《ま》由《ゆ》美《み》

発行者　大沼貴之

発行所　株式会社 文藝春秋

東京都千代田区紀尾井町3-23　〒102-8008
TEL 03・3265・1211㈹
文藝春秋ホームページ　http://www.bunshun.co.jp

落丁、乱丁本は、お手数ですが小社製作部宛お送り下さい。送料小社負担でお取替致します。

印刷・萩原印刷　製本・加藤製本

Printed in Japan
ISBN978-4-16-791269-7